Anke Kallauch (Hrsg.)

Fit für jeden Tag

365 Impulse für die ganze Familie

cap-book

Fit für jeden Tag

365 Impulse für die ganze Familie

Impressum

Anke Kallauch (Herausgeberin)
Fit für jeden Tag

Bestell-Nr.: 52 51512
ISBN 978-3-86773-256-7

Oberer Garten 8
D-72221 Haiterbach-Beihingen
info@cap-music.de
www.cap-books.de

Umschlaggestaltung: Jannik Göpfert
Illustrationen: Jörg Peter
Lektorat: Melanie Schmitt
Satz: Claudia Kirschner
Printed in Germany

Mitwirkende Autoren:

F.B. = Frank Badalie
B.B./M.Kü. = Beate Bastian & Marion Kühne
S.B. = Samuel Börner
M.D. = Marc Dittberner
W.D. = Winnie Dittberner
C.E. = Claudia Ellinger
S.E. = Stefan Ellinger
J.F. = Jörg Filler
M.H. = Matthias Hanßmann
K.H. = Karin Hoffmann
E.H. = Edith Höll
B.J. = Birgit Jahn
A.J. = Armin Jans
A.K. = Anke Kallauch
D.K. = Daniel Kallauch
M.K. = Mona Kallauch
T.K. = Thomas Klein
A.Kn. = Armin Knothe
A.Ko. = Anette Koch
S.L. = Susi Lange
A.Lr. = Alex Lauer
A.Lx. = Andrea Laux
B.L. = Britta Lennardt
G.L. = Gabriele Loos
B.Ma. = Beate Maier
P.M. = Patrick Martin
B.Min. = Birgit Minichmayr
M.M. = Mike Müllerbauer
B.M.-Sch. = Barbara Müller-Scheffsky
J.N. = Julia Neidhöfer
M.N. = Maiken Neunzerling
G.P.= Gero Philippsen
S.R. = Stefan Rauch
C.Sche. = Claudia Scheuermann
C.Schn. = Christian Schnebel
M.S. = Martina Schreiber
SW. = Stoffwechsel, Dresden
S.V. = Simone Viehweg
H.V. = Harry Voss

Wir bedanken uns ganz herzlich für die Mitarbeit!

Folgende Bibelübersetzungen wurden verwendet:

HFA = Hoffnung für alle®

NLB = Neues Leben. Die Bibel

GN = Gute Nachricht Bibel

NGÜ = Bibeltext der Neuen Genfer Übersetzung- Neues Testament und Psalmen.

LUT84 = Lutherbibel

EÜ = Einheitsübersetzung der Heiligen Schrift

VB = Die Volxbibel

ELB = Die Bibel. Revidierte Elberfelder Übersetzung

Wie Kraftfutter entstand

Vor einigen Jahren, als meine Kinder noch klein waren, hatte ich eine Freundin, deren Kinder so zwischen 7 und 10 waren. Jeden Morgen stellte sie ihren Wecker eine halbe Stunde früher als nötig, kochte Tee und kam mit dem warmen Getränk und der Bibel unterm Arm ins Kinderzimmer. Sie machte es sich dann mit ihren beiden Jungs bequem und las mit ihnen gemeinsam in der Bibel. Dann frühstückten sie zusammen und alle gingen ihrer Wege. Mich hat das damals schwer beeindruckt. Ich dachte an 5. Mose 6, 7: „Prägt die Worte euren Kindern ein! Redet immer und überall davon, ob ihr zu Hause seid oder unterwegs, ob ihr euch schlafen legt oder aufsteht." Ob mir das auch gelingen würde, wenn meine Kinder größer sein würden? Zugegeben: Ich war noch nie eine große Frühaufsteherin und morgens früh Stille Zeit zu machen, gehörte für mich immer zu den qualvolleren Aspekten christlichen Lebens. Ich legte das heroische Beispiel meiner Freundin in die Schublade mit der Aufschrift „Was-sicher gut-wäre-zu-tun-ich-aber-nicht-kann."

Allerdings wollte ich meinen Kindern morgens doch etwas Gutes mit auf den Weg geben!

Als unsere beiden Großen einigermaßen ruhig am Tisch sitzen konnten, lasen wir ihnen und uns morgens die Herrnhuther Losungen vor. Damit waren mein Mann und ich selber großgeworden. Unsere Kinder erwiesen sich als durchaus kooperativ, aber ich hörte die Verse inzwischen mit den Ohren eines 5-Jährigen und einer 6-Jährigen. Was verstanden sie denn wirklich von dem, was ihnen vorgelesen wurde? Meistens wurde der Luthertext verwendet. Wir begannen ihnen zu erklären, was dort stand. Und was wir manchmal selber nicht verstanden, da die Verse manches Mal aus dem Zusammenhang gerissen waren. Nachdem wir drei Mal den Bus verpasst hatten, weil wir uns in längeren Diskussionen ergingen, wurde mir klar: etwas Neues muss her. Ein Input für Familien, die so wie wir auch keine geistlichen Supermänner und –frauen sind, die aber auf einen guten Gedanken am Morgen ebenso wenig verzichten möchten, wie auf Cornflakes und Kaffee beim Frühstück.

Ich machte mich auf die Suche nach 365 Bibelversen, die auch ohne umfassende Bibelkenntnis zu verstehen waren, die einen klaren, einfachen Gedankengang hatten und eine Ermutigung für den Tag enthielten. Ich nahm vor allem die „Hoffnung für alle“ zur Hand, eine moderne Bibelübersetzung, aber auch andere zeitgemäße Übersetzungen. Mein Mann und ich suchten nach Menschen, die so wie wir ein Herz für Kinder haben und in irgendeiner Weise in Jungschar, Kindergottesdienst, evangelistischer Arbeit oder als Lehrer Kindern das Evangelium weitersagen. Sie verfassten kurze Texte, die den Gedanken des Bibelverses erklären und in unser Leben bringen.

Auf die erste Auflage der Impulse für die ganze Familie folgte eine zweite mit weiteren 365 Versen. Neue, zeitgemäße Bibelübersetzungen und –übertragungen waren erschienen, die es Familien von heute leichter machten, Gedanken aus der Bibel auf ihr Leben zu beziehen. Mein Wunsch ist es, dass Familien in ihrem turbulenten Leben einen Moment finden, in dem sie bewusst Gott in ihren Alltag hineinsprechen lassen.

Denn Gott möchte bei uns wohnen: in unseren Häusern, in unseren Gedanken, in unserem Miteinander.

Anke Kallauch

1. Januar

Du, Herr, bist alles, was ich habe; du gibst mir alles, was ich brauche. In deiner Hand liegt meine Zukunft. Was du mir gibst, ist gut. Was du mir zuteilst, gefällt mir.

Psalm 16, 5+6 (HFA)

Dieser Satz kommt aus einem Lied, das der König David geschrieben hat. Er ist sich vollkommen sicher, dass Gott den Überblick behält. Obwohl David ganz schön viele Schwierigkeiten mit Menschen erlebte, war er immer davon überzeugt, dass alles, was war und sein wird, aus Gottes Hand kommt und gut ist.

Gebet: Lieber Vater, bitte hilf mir heute, darauf zu vertrauen, dass du dich um mich kümmerst und es gut mit mir meinst. Amen.

D.K.

2. Januar

Dein Wort ist meines Fußes Leuchte und ein Licht auf meinem Wege.

Psalm 119, 105 (LUT84)

Es ist dunkel. Ich liege wach im Bett und muss aufs Klo. Um dorthin zu kommen, muss ich mein Zimmer durchqueren. Das ist gefährlich, denn mein Zimmer ist ein unaufgeräumter Dschungel. Es gibt nur einen Lichtschalter und der befindet sich neben der Tür auf der anderen Seite des Raumes. Bis dahin sind es etwa vier Meter, mit mindestens zwanzig Hindernissen.

Ich wünsche mir eine Taschenlampe. Mit der könnte ich sehen, wohin ich meinen Fuß setzen kann, ohne mir das Schienbein zu stoßen oder zu stolpern und am Ende vielleicht sogar hinzufallen. Aber ich habe keine. Mist. Ich nehme meinen ganzen Mut zusammen und mache mich auf den Weg. Ohne Lampe. Im Dunkeln.

... Hoppala ... Hups ... Aua! ...

Die Bibel ist wie eine Taschenlampe. Sie hilft uns, Stolpersteine in unserem Leben zu entdecken. Wenn wir unsicher sind, können wir sie anknipsen, das heißt aufschlagen, und nach dem besten Weg suchen.

J.N.

---

3. Januar

Durch Jesus Christus aber erfuhren wir in überreichem Maße Gottes Barmherzigkeit und Liebe.

Römer 5, 15 (HFA)

Gebet: Danke Jesus, dass du mich annimmst, obwohl ich eigentlich Strafe verdient hätte. Du hast gesagt, dass du mir vergibst, wenn ich zu dir komme. Hier bin ich. Du hast so viel für mich getan, dass ich es nicht begreifen kann. Bitte vergib mir meine Schuld und fülle mich neu mit deiner Liebe. Amen.

F.B.

4. Januar

„Geh nach Hause zu deinen Angehörigen", sagte Jesus zu dem Geheilten, „und berichte ihnen, was der Herr für dich getan hat und wie er sich über dich erbarmt hat!" Da ging der Mann fort und begann im Zehnstädtegebiet zu verkünden, was Jesus für ihn getan hatte. Und alle staunten.

Markus 5, 19 (NGÜ)

„Mensch, bist du das, mein verrückter Bruder?"
„Hallo, Simon! Ja, ich bin's. Renn' bitte nicht weg. Du brauchst jetzt keine Angst mehr vor mir zu haben."
„Was ist denn mit dir passiert?"
„Ich habe Gott gesehen."
„Das gibt's doch nicht! Obwohl ... wenn ich dich so anschaue ... Irgendwie siehst du anders aus."
„Ich bin geheilt. Gott hat mich gesund gemacht. In mir ist nichts mehr, was mich zwingt, mich selbst zu verletzen oder andere anzugreifen. Das hat jetzt ein Ende. Ich habe Gott kennengelernt. "
„Mmh. Hört sich wirklich gut an. Ich staune darüber, wie anders du jetzt redest. Aber weißt du, ich warte mal ab, ob die Veränderung auch anhält und du morgen nicht vielleicht wieder so bist wie vorher."

Gott kann uns verändern. Er kann heilen und befreien. Wir sollen anderen Menschen davon erzählen. Aber aufgepasst: Sie werden uns beobachten und schauen, was das für unser Leben bedeutet.

J.N.

---

5. Januar

Jesus sagte: „Vergesst nicht: Wer einen Menschen aufnimmt, den ich senden werde, der nimmt mich auf. Und wer mich aufnimmt, nimmt den Vater auf, der mich gesandt hat."

Johannes 13, 20 (HFA)

Die Jünger sitzen mit Jesus kurz vor seiner Gefangennahme zusammen. Die Stimmung ist gedrückt. Da ermutigt Jesus seine Jünger auf ganz besondere Art und Weise. Er gibt ihnen einen Auftrag und sendet sie zu den Menschen, die ihn noch nicht kennen. Er verspricht, dass alle, die den Jüngern glauben, auch von Gott aufgenommen werden. Das ist eine doppelt gute Nachricht – für die, die Gott noch nicht kennen und für die, die Gott lieb haben und anderen von ihm erzählen. Sie wissen, dass es nicht umsonst ist, von Jesus weiterzuerzählen.

C.E.

---

6. Januar

Die Könige von Tarsis und auf den Inseln sollen Geschenke bringen, die Könige aus Saba und Seba sollen Gaben senden. Alle Könige sollen vor ihm niederfallen und alle Völker ihm dienen.

Psalm 72, 10+11 (LUT84)

Was bei der Geburt von Jesus passiert ist, ist einzigartig. Ein Kind in der Krippe lässt Könige auf die Knie gehen. Schon viele Jahrhunderte zuvor hat Salomo in Psalm 72 diese Situation beschrieben. Ein kleines Kind ist der große Herr, der alles kann und die ganze Welt liebt und am Kreuz alle Menschen rettet. Das schafft sonst niemand!

Deshalb fallen Könige vor ihm nieder und ehren ihn – und ich will das auch tun.

A.J.

---

7. Januar

Gepriesen sei der Herr! Bei ihm bin ich geschützt wie hinter einem großen Felsen. Er hat mir gezeigt, wie ich mich wehren kann und wie ich im Kampf die Waffen gebrauchen muss. Wie gut ist Gott zu mir! Er gewährt mir Zuflucht und Sicherheit. Er ist mein Schild, der mich vor Bösem bewahrt.

Psalm 144, 1+2 (HFA)

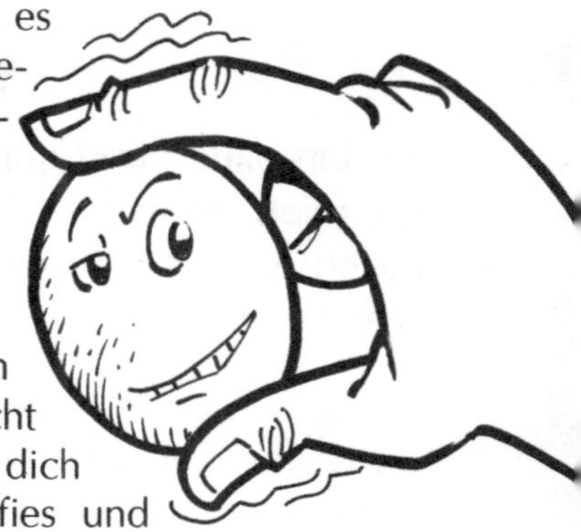

Nimm einmal ein rohes Ei und halte es hochkant zwischen Daumen und Zeigefinger. Jetzt versuche mal, das Ei zu zerdrücken. Du merkst: Es geht nicht. Es ist so gemacht, dass es dem Druck standhält. So wehrt sich das Ei gegen deinen Angriff! Die Schale ist seine Waffe.

Manche meinen, Christen müssten alles ertragen und dürften sich nicht wehren, aber das ist Unfug. Wehre dich bei Angriffen klug und werde nicht fies und ungerecht, wenn andere es sind. Sei klug wie ein Ei.

So, jetzt kannst du Rührei daraus machen... Guten Appetit!

C.Schn.

---

8. Januar

Gott sei uns gnädig und segne uns! Sieh uns an im Licht deiner Liebe!

Psalm 67, 2 (HFA)

Mein Vertrauen reicht nicht weit.
Aber du – du hast Vertrauen zu mir.
Mein Glaube ist oft viel zu klein.
Aber du – du lädst mich zum Glauben ein.
Ich bin voller Zweifel,
versuche es aus eigener Kraft,
steh da mit leeren Händen.
Nichts habe ich selber geschafft.
Aber du – du hast mich immer geliebt,
von Anfang an hast du mich liebevoll angesehen.
Aber du – du reichst mir jetzt deine Hand,
lädst mich ein, heute mit dir zu gehen.
Vertraue mir,
glaube mir,
zweifle nicht,
ich liebe dich.

(Daniel Kallauch © cap-music, 72221 Haiterbach-Beihingen)

9. Januar

Ich bin hilflos und ganz auf dich angewiesen, Herr; sorge für mich, denn du bist mein Helfer und Befreier! Komm rasch zu mir! Mein Gott, zögere nicht länger!

Psalm 70, 6 (HFA)

Wollen Kinder immer stark sein? Oder sind es nicht eher die Erwachsenen, die nicht zugeben können, dass sie Hilfe brauchen und keine Kraft mehr haben?

Ich glaube, Kindern fällt es leichter, sich Hilfe und Schutz zu holen, zum Beispiel bei den Eltern: „Papa hilf mir mal, ich schaffe das nicht!" Vielleicht können wir als Familie daraus lernen, gemeinsam Hilfe zu holen: Bei unserem Vater im Himmel, der immer ein offenes Ohr und offene Arme für uns hat!

B.M.-Sch.

10. Januar

Kommt und lobt den Herrn, alle seine Diener, die ihr nachts in seinem Tempel steht! Streckt eure Hände in seinem Heiligtum anbetend empor und preist den Herrn!

Psalm 134, 1+2 (HFA)

Malt euch das mal aus: die ganze Nacht Lobpreisparty und dabei die Hände zu Gott ausstrecken! Ich habe das schon ein paar Mal gemacht, zwölf Stunden lang am Stück und wollte nachher nicht mehr aufhören. Wie könnte bei euch in der Gemeinde oder zu Hause solch ein Gottesdienst voller Lob für Gott aussehen, in dem ihr ihn total nah erlebt und euch an ihm freuen könnt? Das kann ja auch tagsüber sein.

E.H.

11. Januar

Richtet euch nicht länger nach den Maßstäben dieser Welt, sondern lernt, in einer neuen Weise zu denken, damit ihr verändert werdet und beurteilen könnt, ob etwas Gottes Wille ist – ob es gut ist, ob Gott Freude daran hat und ob es vollkommen ist.

Römer 12, 2 (NGÜ)

Für viele Menschen, die Gott nicht kennen, ist es normal, wenn man mal gemein und egoistisch ist. Für viele ist es auch okay, zu lügen, wenn es mal sein muss.

Doch Gott sagt uns in der Bibel ziemlich genau, wie wir leben sollen, damit es uns gut geht und wir ihm Ehre machen. Er möchte unser Denken und unsere Einstellungen immer mehr verändern. Die Maßstäbe, die in dieser Welt zählen, sind für uns nicht mehr wichtig. Das nächste Mal, wenn wieder eine Situation kommt, wo du nicht weißt, was richtig ist, frage Gott in deinem Herzen. Er wird dir helfen herauszufinden, was das Gute ist.

T.K.

---

12. Januar

Überlass es anderen, dich zu loben! Es ist besser, ein Fremder rühmt dich, als du selbst!

Sprüche 27, 2 (HFA)

Kennst du auch einen elenden Angeber? Jemanden, der bei jeder Gelegenheit darauf zu sprechen kommt, wie toll er ist? Einmal gibt er an, was er alles kann, dann zählt er auf, was er alles hat, dann wiederum nervt er mit tollen Erlebnissen und damit, wen er alles schon persönlich getroffen hat und wo er überall schon war. Eigentlich finden wir das doch total daneben, oder?

Und trotzdem sind wir auch sofort dabei, das Gleiche zu tun, wenn wir Gelegenheit dazu haben. Die Bibel gibt uns hier einen Tipp: sei bescheiden! Wer bescheiden ist, der zeigt, dass er sich selbst nicht so wichtig nimmt.

Vielleicht kannst du heute der „andere“ sein, der auch in unserem Vers steht: Lobe doch mal andere, statt dich selbst!

S.E.

---

13. Januar

Gott hat alle Macht und regiert für immer und ewig. Er schaut auf die Völker – ihm entgeht nichts. Wer kann schon gegen ihn bestehen?

Psalm 66, 7 (HFA)

Kinder sind meistens stolz und überzeugt davon: Mein Papa ist der Stärkste! Wir Kinder Gottes wissen: Unser Vater im Himmel ist der starke Gott. Er hat die ganze Welt geschaffen, jedes Land, jedes Volk und jeden Menschen. Manchmal bekommen wir aber Angst, wenn wir Abend für Abend all die Nachrichten über Krieg und Zerstörung in den Nachrichten sehen. Es ist allerdings wahr, dass Gott keine Unterdrückung, kein Anschlag, keine Entführung auf dieser Welt entgeht.

Betet doch als Familie für ein aktuelles Anliegen, das ihr in den Nachrichten gesehen habt. Betet für die leidenden Menschen im Irak und in Afghanistan, für die Opfer von Vertreibung und Katastrophen. Betet dafür, dass Gott dem Bösen Einhalt gebietet.

B. Ma.

---

14. Januar

Petrus sagte: „Ihr Leute von Israel, warum seid ihr so überrascht, dass dieser Mann auf einmal gehen kann? Warum staunt ihr uns an, als hätten wir das mit unserer Kraft und unserer Frömmigkeit zustande gebracht? Nein, der Gott unserer Väter hat auf diese Weise die Macht und Herrlichkeit sichtbar werden lassen, die er seinem Diener Jesus verliehen hat.“

Apostelgeschichte 3, 12+13 (NGÜ)

Gebet: Lieber Vater im Himmel. Den Jüngern hast du Kraft gegeben, sodass sie sogar Menschen heilen konnten. Gib uns die Kraft, die wir heute brauchen, damit andere Menschen merken, wie mächtig du bist. Die Leute sollen an uns sehen können, dass du herrlich bist. Amen.

S.B.

---

15. Januar

Lobe den Herrn, meine Seele! Herr, mein Gott, du bist sehr herrlich; du bist schön und prächtig geschmückt. Licht ist dein Kleid, das du anhast. Du breitest den Himmel aus wie einen Teppich; du baust deine Gemächer über den Wassern. Du fährst auf den Wolken wie auf einem Wagen und kommst daher auf den Fittichen des Windes.

Psalm 104, 1-3 (LUT84)

Wie großartig, wie überwältigend mächtig beschreibt der Dichter Gott. Und trotzdem schreibt er „mein Gott". Er darf sich persönlich zu diesem allmächtigen Herrscher zählen, und das ist Grund genug, ihn zu loben.

Wenn ich heute weiß, dass der Herr bei mir ist, dann kann ich mit ihm durch den Tag gehen, mit allen Herausforderungen und Überraschungen, die dieser Tag bringen wird. Und das ist Grund genug für mich, Gott zu loben.

G.P.

16. Januar

Wie kann ein junger Mensch sein Leben meistern? Indem er tut, was du gesagt hast, Herr.

Psalm 119, 9 (GN)

Hast du eine Idee, was Gott wohl gesagt haben könnte, wie wir unser Leben meistern können?

Mir fallen die 10 Gebote ein. Dort sagt uns Gott, wie wir leben und miteinander umgehen sollen.

Schaut doch mal als Familie, ob ihr alle 10 Gebote nennen könnt.

W.D.

17. Januar

Ein gutes Wort zur rechten Zeit ist so lieblich wie goldene Äpfel in einem silbernen Korb.

Sprüche 25, 11 (NLB)

Wer zu Hause eine silberne Schale mit goldenen Äpfeln stehen hat, der muss wirklich reich sein. Salomo – von Beruf Sprücheschreiber und König – besaß viele goldene Sachen. Doch er merkte: Reich sind auch die, die gute Worte zu Hause haben. Gute Worte sind Komplimente, Lob, Dank, Mutmacher, nette und aufrichtende Worte. Welches von diesen Worten willst du heute aussprechen?

Gebet: Jesus, so oft kommen Worte aus meinem Mund, die beleidigen oder verletzen. Hilf mir heute, gute Worte zu sagen. Amen.

J.F.

18. Januar

Seid wachsam. Haltet treu an dem fest, was ihr glaubt. Seid mutig und stark.

1. Korinther 16, 13 (NLB)

Paulus schmerzen die Finger. Er hat einen langen, vollen Brief geschrieben. Ungefähr 30 handgeschriebene Seiten sind es geworden. Und jetzt – am Ende des Briefes – kommt eine Art persönliche Zusammenfassung.

Was würdest du am Ende eines so langen Briefes schreiben? Paulus entschließt sich, die Menschen zu ermutigen. Er sagt nochmals, auf was es ankommt. Es kommt nicht auf das Geschwätz der Leute an, nicht auf den Kontostand, nicht auf den grollenden Chef und die unfair benotete Klassenarbeit. Es kommt auch nicht auf den Streit in der Gemeinde an. Es kommt darauf an, dass wir trotz alledem nicht unseren Glauben verlieren. Wer vor Gott kniet, kann vor Menschen stehen.

M.H.

19. Januar

Der Gefängnisaufseher sperrte Paulus und Silas in die sicherste Zelle und schloss zusätzlich ihre Füße in einen Holzblock ein. Gegen Mitternacht beteten Paulus und Silas und lobten Gott mit Liedern. Die übrigen Gefangenen hörten ihnen zu. Plötzlich gab es ein heftiges Erdbeben, und das Gefängnis wurde bis in die Grundmauern erschüttert. Alle Tore sprangen auf und die Ketten sämtlicher Häftlinge fielen ab!

Apostelgeschichte 16, 25 (NLB)

Ein Erdbeben mit einer erstaunlichen Ursache: Paulus und Silas hatten gebetet und gesungen. Das war in der Zeit der ersten Christen kein Einzelfall. Ein paar Mal erzählt uns die Apostelgeschichte, dass die Wände gewackelt haben, wenn die Christen zusammen beteten.

Solche Gebetszeiten wünsche ich mir auch: Wenn wir im Kindergottesdienst zusammen beten, dann soll sich richtig was bewegen. Wenn wir als Familie ein Anliegen vor Gott bringen, dann sollen unsere Herzen miteinander und mit Gott verbunden sein. Und wenn der Gebetskreis der alten Frauen und Männer sich trifft, dann soll das Auswirkungen auf unsere Stadt haben. Ja, das wünsche ich mir.

A.K.

---

20. Januar

Viele Menschen werden kommen, um sich meinem Volk anzuschließen. „Ich gehöre dem Herrn!", wird der eine sagen, und ein anderer: „Ich zähle mich zu den Nachkommen Jakobs!" Wieder ein anderer schreibt es sich auf die Hand: „Ich diene dem Herrn!" und ein Vierter nimmt „Israel" als Ehrennamen an.

Jesaja 44, 5 (HFA)

Kommst du aus Deutschland, der Schweiz oder der Türkei? Es gibt so viele Völker und jedes unterscheidet sich von den anderen. Aber Gottes Königreich ist ganz besonders. Es hat den allerbesten König: Jesus! Sein Königreich hört niemals auf. Es hat schon angefangen und aus allen Völkern kommen Menschen und schließen sich Jesus an.

Bald kommt Jesus wieder auf die Erde und dann werden alle das Königreich Gottes sehen. Menschen aus allen Völkern gehören dann zu seinem Volk. Gehörst du auch schon dazu?
A.Kn.

---

21. Januar

Esra widmete sein Leben der Aufgabe, die Gebote Gottes kennenzulernen und danach zu leben.
Esra 7, 10 (HFA)

Esra wusste, dass die wichtigsten Gebote von Gott kommen. Er hatte nicht nur Gottes Wort studiert. Er lebte auch danach. Gott freut sich zu allen Zeit über Menschen, die ihn kennen und dann auch tun, was er sagt.

Gebet: Herr lass mich so ein Mensch sein, der dein Wort kennt und den Mut hat, auch so zu leben, wie du es willst. Dein Wort soll mein wichtigster Ratgeber sein. Deshalb möchte ich es immer besser kennenlernen. Amen.
S.L.

---

22. Januar

Dein Wort ist meine Lieblingsspeise, es ist süßer als der beste Honig.
Psalm 119, 103 (HFA)

Honig! Hmmm, lecker! Honig ist süß und „süß" finden wir gut, oder? Aber das Beste am Honig: Er ist auch noch gesund! Isst man regelmäßig Honig aus der eigenen Region, stärkt dies die Abwehrkräfte. Außerdem haben Wissenschaftler herausgefunden, dass er antibiotisch wirkt. Das heißt, Honig kann leichte Infekte abklingen lassen. Er hilft bei Halsentzündungen, desinfiziert Wunden und ist gut gegen raue Lippen.

Und so ist Gottes Wort: Regelmäßig in der Bibel lesen, das macht dich stark und hält deine Seele gesund.
B.L.

23. Januar

Gott segnete die Menschen und sagte zu ihnen: „Seid fruchtbar und vermehrt euch! Füllt die ganze Erde und nehmt sie in Besitz! Ich setze euch über die Fische im Meer, die Vögel in der Luft und alle Tiere, die auf der Erde leben, und vertraue sie eurer Fürsorge an."

1. Mose 1, 28 (GN)

Super! Gott vertraut uns so sehr, dass er uns seine ganze Erde komplett mit allem, was sonst noch darauf lebt, gibt! Für so etwas Großes sind wir Menschen verantwortlich.

Auch wenn wir manchmal glauben, wir könnten nichts richtig machen, Gott glaubt das offensichtlich nicht. Und sollten wir Probleme mit unseren Aufgaben haben, dann hilft er uns gerne, wenn wir ihn darum bitten.

G.L.

24. Januar

Herr, hilf mir, den Mund zu halten, wenn ich schweigen soll! Wenn es mich reizt, Böses zu tun, dann bewahre mich und hilf mir, dass ich mich von den Übeltätern nicht mitreißen lasse!

Psalm 141, 3+4 (HFA)

Kennst du das? Deine Schwester sagt etwas echt Gemeines zu dir und dir liegt die Antwort (ebenso gemein) schon auf der Zunge. Dein Bruder weiß genau, wie er dich ärgern kann und du möchtest ihm am liebsten treffend böse Worte an den Kopf werfen.

Gott nimmt Worte sehr ernst. Ihm ist es nicht egal, welche Worte aus deinem Mund kommen. Deshalb brauchst du gerade in schwierigen Situationen seine Hilfe. Lerne die erste Zeile des Psalms auswendig für solche „Notfälle"!

B.Min.

25. Januar

Als Jesus am See von Galiläa entlangging, sah er zwei Fischer, die auf dem See ihre Netze auswarfen, Simon und seinen Bruder Andreas. Jesus sagte zu ihnen: „Kommt, folgt mir nach! Ich will euch zu Menschenfischern machen." Sofort ließen sie ihre Netze liegen und folgten ihm.

Markus 1, 16-18 (NGÜ)

Jeden Schritt, den ich tu, ich und du,
und du mit mir – Jesus,
atme ich, dann atme ich durch dich.
Jeden Weg, den ich geh, nur mit dir,
du bist mein Weg, Jesus,
atme ich, dann atme ich durch dich.

Du umgibst mich, Gnade trägt mich,
wohin ich auch blick – seh ich nur dich.
Du hast mein Herz erobert,
Liebe hüllt mich ein,
wie kann das sein?

(Originaltitel: David Ruis „Every move I make", © 1996 Mercy/Vineyard Publishing. Dt. Text: Daniel Kallauch, aus der CD „Du bist der Held")

26. Januar

Liebt ihr den Herrn? Dann verabscheut das Böse! Gott beschützt alle, die ihm treu sind und rettet sie aus der Gewalt der Gottlosen. Wer Gott gehorcht, der lebt im Licht, und Freude erfüllt jeden, der aufrichtig ist.

Psalm 97, 10+11 (HFA)

Gebet: Vater, oft bin ich mir unsicher. Liebe ich dich wirklich? Liebe ich dich so wie du es verdienst? Ich weiß, dass ich das Böse verabscheue, um deinetwillen. Ich weiß, dass ich dir treu und aufrichtig gehorsam dienen will.

Durch deine Gnade lebe ich jetzt schon in einer Welt, angefüllt mit Licht und viel Freude; ich bin nicht den Gottlosen ausgeliefert, denn du hast mich errettet und du beschützt mich weiterhin.

Danke für deine große Liebe, Herr. Leite du mich auf meinem Weg zu dir, damit ich dich so lieben kann, wie du mich liebst. Amen.

M.N.

---

27. Januar

Wer hat mir jemals etwas gegeben, das er nun von mir zurückfordern könnte? Mir gehört die ganze weite Welt.

Hiob 41, 3 (HFA)

„Gib sofort her, das ist meins", brüllt der Eine. „Da steht mein Name drauf, also gehört es mir", tönt die andere Stimme.

Wenn man sich nicht einig wird, beginnt ein Streit, ein Kampf oder gar ein Krieg.

Hiob zeigt uns hier eine andere Sicht. Er sagt: Letztlich gehört alles Gott und wir haben es nur als Leihgabe. Schau die Sachen, die du besitzt, doch heute mal mit diesen Augen an.

S.R.

---

28. Januar

Ihr sollt begreifen, wie überwältigend groß die Kraft ist, mit der er an uns, den Glaubenden, wirkt. Es ist dieselbe gewaltige Kraft, mit der er an Christus gewirkt hat, als er ihn vom Tod auferweckte und in der himmlischen Welt an seine rechte Seite setzte.

Epheser 1, 19 (GN)

Wenn ich in den Sternenhimmel schaue oder etwas über das Weltall lese, bin ich jedes Mal überwältigt, wie groß und unvorstellbar das alles ist. Dann ahne ich ein wenig von der Größe und Kraft Gottes.

Paulus versteht, dass wir uns nur schwer vorstellen können, wie mächtig Gott ist, einfach weil Gott unsere Vorstellungskraft sprengt. Deswegen wünscht er den Ephesern in seinem Brief, dass sie ein wenig mehr von Gottes Kraft verstehen, die nicht nur einfach irgendwo da ist, sondern sogar in ihrem Leben wirkt. Gottes große Kraft, die Jesus von den Toten auferwecken konnte, wirkt auch heute in unserem Leben.

M.S.

---

29. Januar

Als der Herr die Gefangenen nach Jerusalem zurückführte, da war es für uns wie ein Traum! Wir waren voller Lachen und jubelten vor Freude. Und die anderen Völker sagten: „Herrliches hat der Herr für sie getan!" Ja, der Herr hat Herrliches für uns getan und wir waren fröhlich!

Psalm 126, 1-3 (NLB)

Lasst uns heute in den Freudenjubel der Menschen von damals mit einstimmen, denn Gott hat auch uns schon so viel Gutes getan: Wir wohnen in einem Haus, wir dürfen lesen und schreiben lernen, um später einen Beruf ausüben zu können. Jeden Tag bekommen wir genug zu essen und sind meistens gesund, unser Schrank hängt voll toller Klamotten, wir leben in einer Familie und haben Freunde, wir können in den Urlaub fahren...

Was hat Gott dir schon „Herrliches" geschenkt? Vielleicht kannst du diese Liste heute fortführen. Bestimmt wird sie ganz lang. Du wirst sehen, es gibt so viele Gründe fröhlich zu sein. Danke Gott heute dafür.

S.V.

30. Januar

So hat der Herr sein Volk geführt, der Herr allein, kein anderer Gott. Er ging mit ihnen um wie ein Adler, der seine Jungen fliegen lehrt: Der wirft sie aus dem Nest, begleitet ihren Flug, und wenn sie fallen, ist er da, er breitet seine Schwingen unter ihnen aus und fängt sie auf.

5. Mose 32, 11+12 (HFA)

Im kuscheligen Nest lernt das Adlerjunge nicht, wie man fliegt. Gott macht es wie der Adler, wenn er uns etwas beibringen will. Wenn wir Geduld lernen sollen, dann bringt er uns in eine Lage, in der wir etwas kaum aushalten können. Wenn wir Liebe üben sollen, dann treffen wir Leute, die wir nicht ausstehen können. Er schmeißt uns ins kalte Wasser.

Aber das Gute ist: Er lässt uns dabei nicht allein. Er steht uns jederzeit zur Seite. Und wenn wir sagen: „Ich kann nicht mehr", dann trägt er uns. Genau so wie der Adler seine Jungen.

H.V.

---

31. Januar

Gott sandte Jesus, damit er die Strafe für unsere Sünden auf sich nimmt und unsere Schuld gesühnt wird. Wir sind gerecht vor Gott, wenn wir glauben, dass Jesus sein Blut für uns vergossen und sein Leben für uns geopfert hat.

Römer 3, 25 (NLB)

Glaubst du, dass Jesus für deine Schuld gestorben ist? Für die Lügen, die Eifersucht, die Lieblosigkeit, für all das, was in deinem Leben nicht o.k. ist? Dann sage es ihm!

Gebet: Jesus, ich glaube, dass du mich völlig annimmst, dass du mir meine ganze Schuld vergibst! Jesus, ich glaube, dass du das alles für mich getan hast. Darum sage ich ja dazu und nehme dein Opfer für mich an. Amen.

F.B.

1. Februar

Geduldig hoffte ich auf die Hilfe des Herrn, und er wandte sich mir zu und hörte mein Schreien. Er rettete mich aus dem Sumpf der Verzweiflung, aus Matsch und Schlamm. Er stellte mich auf festen Boden und gab meinen Füßen festen Halt.

Psalm 40, 2+3 (NLB)

Gott freut sich, wenn es uns gut geht. Und noch mehr freut er sich, wenn wir in schweren Situationen auf ihn hoffen und ihn bitten, uns zu helfen. Das müssen nicht unbedingt Matsch und Schlamm sein, sondern das können normale Dinge wie Streit oder Angst sein. Gott ist unser Freund und er liebt es, uns zu helfen und uns neuen Mut und neue Kraft zu schenken.

M.K.

---

2. Februar

Gott ist für uns, wer kann uns da noch etwas anhaben?

Römer 8, 31 (NGÜ)

Weißt du, dass es jemanden gibt, der dich ganz und gar kennt und dich mit Haut und Haaren liebt?

Weißt du, dass es jemanden gibt, der immer zu dir hält und immer für dich da ist?

Egal was passiert in deinem Leben, das bleibt immer bestehen. Gott ist der, der immer zu dir steht.

Gebet: Danke, lieber Vater, dass du mich durch und durch, von innen und von außen, kennst und liebst. Manchmal fällt es mir schwer zu glauben, dass du da bist und mir hilfst. Gerade dann, wenn mir die Schwierigkeiten so groß und mächtig vorkommen. Trotzdem ist es wahr, dass ich mit dir den stärksten und besten Freund habe, den es überhaupt geben kann. Das gibt mir Sicherheit und Kraft. Danke dafür. Amen.

B.B./M.Kü.

---

3. Februar

Gott, unser Retter, du erhörst treu unsere Gebete und antwortest uns mit wunderbaren Taten. Du bist die Hoffnung aller Menschen auf Erden und auf den Meeren. Die am Ende der Erde leben, stehen in Ehrfurcht vor deinen Wundern. Vom Sonnenaufgang bis zum Sonnenuntergang gibst du den Menschen Grund zur Freude.

Psalm 65, 6+9 (NLB)

Bis ans Ende der Welt,
bis ans Ende der Zeit,
deine Liebe hält bis in Ewigkeit.
Sie wird niemals vergehen.
sie steht fest und sie bleibt,
wenn der Vorhang fällt und der Tag sich neigt.
Niemand und nichts kann uns trennen von dir,
deine Liebe ist stark wie der Tod.
Wenn du für uns bist, wer kann gegen uns sein?
Denn auf ewig bist du unser Gott.

(Lothar Kosse aus der D-CD „Lied des Himmels & Siehst du das Licht“, © Praize Republic Köln)

---

4. Februar

Von Gott kommt alle Ermutigung und alle Kraft, um durchzuhalten.

Römer 15, 5a (NGÜ)

Viele Dinge lassen sich nicht schnell erledigen. Einen Pullover stricke ich nicht an einem Vormittag und für unsere große Fahrradtour muss ich ein bisschen trainieren, bevor es losgehen kann.

Auch für mein Leben mit Jesus brauche ich Ausdauer – da geht es allerdings nicht so sehr um die Kraft in meinen Muskeln, sondern um die Kraft, die Gott uns schenkt, damit wir nicht aufgeben. Besonders in seinem Wort, der Bibel, finden wir die Ermutigung, die wir brauchen, um auch an diesem Tag unseren Weg mit Jesus weiterzugehen.

Gebet: Danke dafür, lieber himmlischer Vater!

B.J.

---

5. Februar

Versuche nicht, mit aller Gewalt reich zu werden, denn das ist unvernünftig! Schneller, als ein Adler fliegen kann, ist dein Geld plötzlich weg – wie gewonnen, so zerronnen!

Sprüche 23, 4+5 (HFA)

Es ist faszinierend, Menschen zu kennen, die reich sind und sich alle Wünsche erfüllen können. Vielleicht hast du auch schon mal davon geträumt, so reich zu sein. Die Bibel warnt uns hier, dass wir nicht auf Geld bauen sollen. Es kann ganz plötzlich wieder weg sein. In den Sprüchen gibt es ganz viele Sätze über das Geld. Das Fazit ist immer: Geld macht nur für eine kurze Zeit glücklich. Aber wer Gott kennt, hat einen Schatz, der ewig bleibt.

A.J.

6. Februar

Du bist der wahre Gott, Gott, mein Herr. Deine Worte sind Wahrheit, und du hast mir, deinem Diener, all dies Gute zugesagt.

2. Samuel 7, 28 (NLB)

David ist überwältigt von Gott. Kurz zuvor hat er die Bundeslade nach Jerusalem geholt und dabei vor lauter Freude getanzt und gejubelt. Alle konnten es sehen. Seine Frau Michal hat sich für ihren Mann, den König David, geschämt und ihn deswegen verachtet. Aber Gott hat es gefallen und er hat ihm deswegen ein großes Versprechen gegeben: Er werde immer auf David achten und ihm ein großes Königreich schenken. Da fällt David nichts mehr ein – außer seinem großen Gott zu danken.

Gott zu danken und uns über ihn zu freuen, das ist die schönste Antwort auf all das Gute, was er uns gibt. Vielleicht machen sich andere darüber lustig. Der Vater im Himmel freut sich darüber!

C.E.

7. Februar

Ich bin zur Ruhe gekommen. Mein Herz ist zufrieden und still. Wie ein Kind in den Armen seiner Mutter, so ruhig und geborgen bin ich bei dir!

Psalm 131, 2 (HFA)

Manchmal ist es so richtig stressig. Und dann ist alles zu viel und nervt. Gerade dann ist es wichtig, dass wir uns Zeit mit Gott nehmen und wieder auftanken. Bei Jesus finden wir wieder Ruhe und Frieden. Geh einfach an einen ruhigen Ort und dann sag zu Gott: Hier bin ich. Ich will jetzt ganz still werden vor dir. Gott freut sich über diese Bereitschaft und will dir gerne begegnen.

T.K.

8. Februar

Wenn ihr verhaftet werdet und vor Gericht steht, macht euch keine Sorgen, was ihr zu eurer Verteidigung vorbringen sollt. Sagt einfach, was Gott euch in den Mund legt. Nicht ihr seid es, die dann reden, sondern der Heilige Geist.

Markus 13, 11 (NLB)

Wenn man diese Sätze liest, kann man sich kaum vorstellen, dass uns das in Europa tatsächlich passieren könnte: dass man vor ein Gericht gestellt wird, weil man Jesus nachfolgt. Ich habe mich schon oft gefragt, ob ich dann mutig und tapfer sein würde. Jesus wusste, dass es solche Hasenherzen wie mich gibt, deshalb sagte er, dass ich in so einem Fall keine Angst zu haben brauche, dass mir die Worte fehlen könnten. Sein Heiliger Geist, der in mir lebt, hilft mir dann, das Richtige zu sagen und zu erklären, woran ich glaube.

A.K.

9. Februar

Erforsche mich, Gott, und erkenne mein Herz, prüfe mich und erkenne meine Gedanken. Zeige mir, wenn ich auf falschen Wegen gehe und führe mich den Weg zum ewigen Leben.

Psalm 139, 23+24 (NLB)

Dieser Vers ist ein Gebet. Er zeigt uns, wie wir Gott einladen können, unsere geheimsten Gedanken zu lesen. Wir können Gott auch erlauben, dass er unsere Herzen und Gedanken prüft und uns zeigt, ob wir auf dem richtigen Weg sind.

Manchmal merken wir selbst nicht gleich, wenn wir Böses denken und uns in unserem Herzen in die falsche Richtung bewegen. Wenn du aber Gott bittest: Erforsche mich, Gott, zeig mir, wenn ich auf falschen Wegen bin – dann hilft er dir gerne!

S.B.

10. Februar

Gott sprach: „Das Wasser wimmle von lebendigen Wesen und Vögel sollen über dem Land am Himmelsgewölbe dahinfliegen." Gott schuf alle Arten von großen Seetieren und anderen Lebewesen, von denen das Wasser wimmelt, und alle Arten von gefiederten Vögeln. Gott sah, dass es gut war. Gott segnete sie und sprach: „Seid fruchtbar und vermehrt euch und bevölkert das Wasser im Meer und die Vögel sollen sich auf dem Land vermehren."

1. Mose 1, 20-22 (EÜ)

Gott im Himmel ist der Erfinder unserer Erde und der Erfinder aller Tiere in der Luft, im Wasser und auf der Erde. Er ist begeistert von dem, was er geschaffen hat. Und ich? Ich finde es auch klasse. Aber behandle ich die Tiere und das Wasser und die Erde so, wie es richtig ist?

Gebet: Lieber Vater im Himmel, du bist der geniale Schöpfer der Tiere und der Erde und von allem, was wir um uns herum sehen. Das hast du klasse gemacht! Bitte hilf mir, gut auf die Umwelt und auf die Tiere zu achten, wo immer ich kann! Amen.

S.E.

11. Februar

Du hast mich geschaffen – meinen Körper und meine Seele, im Leib meiner Mutter hast du mich gebildet. Herr, ich danke dir dafür, dass du mich so wunderbar und einzigartig gemacht hast! Großartig ist alles, was du geschaffen hast – das erkenne ich!

Psalm 139, 13+14 (HFA)

Es gibt leider viel zu viele Menschen, die in den Spiegel schauen und unzufrieden sind mit dem, was sie sehen. Die Haare sind zu glatt oder haben die falsche Farbe, die Augen stehen zu eng zusammen, der Bauch ist zu dick, die Figur nicht wie gewünscht.

„Wenn ich nur so aussehen würde wie ...." (Namen bitte eintragen).

In unserem Text entdeckt jemand, dass er sich nicht mit anderen vergleichen muss. Er entdeckt, dass er zufrieden sein kann, weil er einzigartig ist, ein geniales, wunderbares Geschöpf Gottes. Das befreit.

„Gott, ich danke dir, dass ich so bin wie ich bin.
Dein ...." (den eigenen Namen einsetzen)

J.F.

---

12. Februar

Täuscht nicht nur vor, andere zu lieben, sondern liebt sie wirklich. Hasst alles Böse und stellt euch auf die Seite des Guten. Liebt einander mit aufrichtiger Zuneigung und habt Freude daran, euch gegenseitig Achtung zu erweisen.

Römer 12, 9+10 (NLB)

Gott hat uns Menschen so sehr lieb! Und er möchte gerne, dass wir diese Liebe nicht für uns behalten, sondern sie an andere weitergeben. Besonders die Gemeinde soll ein Ort der Liebe sein.

In unserem Vers sind zwei Tipps fürs Lieben: Erstens sollen wir nicht nur so tun, als ob wir lieben – also vorne herum lächeln und hinten herum schlecht über einen anderen reden. Richtig ist, von jedem Menschen zu denken: Das ist also einer, den Gott sehr lieb hat – also will ich ihn auch lieben.

Und zweitens: unsere Liebe soll von „Achtung" bestimmt sein, also von Respekt. Das ist doch schon mal ein guter Anfang fürs Lieben.

A.K.

13. Februar

Als ich den Herrn suchte, antwortete er mir und errettete mich aus aller meiner Furcht.

Psalm 34, 5 (LUT84)

Leider passiert es mir immer mal wieder: Gerade dann, wenn ich Jesus ganz besonders brauche, bin ich so überwältigt von Angst oder Sorgen, dass ich vergesse zu beten. Dabei weiß ich ganz genau, dass Jesus mir antwortet, wenn ich zu ihm bete und dass er mir gerne hilft.

Legt einander doch jetzt einfach die Hände auf und betet dafür, dass egal, was heute passiert, jeder den Herrn sucht und mit seinen Problemen zu Gott geht, anstatt zu versuchen, alleine damit fertig zu werden.

B.J.

14. Februar

Gott sagt: Unterdrückt nicht die Ausländer, die Waisen und die Witwen.

Jeremia 7, 6a (HFA)

Gott kümmert sich besonders um die Menschen, die keine Fürsprecher, keine Macht und keine Bedeutung haben. Vielleicht kennt ihr auch einen Menschen, der Außenseiter ist oder einsam, weil ihm ein Teil der Familie fehlt. Wie könntet ihr ihm eine Freude machen und zeigen, dass Gott und ihr ihn nicht vergesst?

E.H.

15. Februar

Gemeinsam beteten die Gläubigen täglich im Tempel zu Gott, trafen sich zum Abendmahl in den Häusern und nahmen gemeinsam die Mahlzeiten ein, bei denen es fröhlich zuging und großzügig geteilt wurde.

Apostelgeschichte 2, 46 (NLB)

Von den ersten Christen kann man viel lernen: Sie beteten viel und erzählten Gott jeden Tag, was sie bewegte. Sie erinnerten sich an Jesus und seine Liebe, indem sie das Abendmahl gemeinsam feierten. Und sie teilten alles miteinander.

Für heute kann das heißen: Triff dich mit anderen Christen im Hauskreis, in der Kindergottesdienstgruppe, im Schülergebetskreis. Betet zusammen, feiert zusammen und denkt gemeinsam immer wieder an Jesus und was er für euch getan hat. Und: Seid großzügig zueinander, nicht knauserig! Gott war so großzügig zu uns. Das sollen alle auch an der Gemeinschaft der Christen sehen.

A.J.

---

16. Februar

Wünscht Jerusalem Glück und Frieden: „Allen, die dich lieben, soll es gut gehen! In deinen Mauern herrsche Sicherheit und Wohlstand, deinen Häusern bleibe die Sorge fern!“ Weil ich meine Brüder und Freunde liebe, sage ich: „Ich wünsche dir Glück und Frieden!“

Psalm 122, 6-8 (GN)

Das wäre doch für heute mal eine besondere Begrüßung: Allen Freunden und Familienangehörigen sagt ihr: „Ich wünsche dir Glück und Frieden!“

Klingt etwas komisch für uns. Wir würden wohl eher sagen: Ich wünsche dir alles Gute. Viel Glück! Zum Beispiel bei deiner Klassenarbeit, bei dem wichtigen Gespräch an deinem Arbeitsplatz oder bei der Entscheidung, die heute zu treffen ist. Das kennen wir.

Aber wie kann ich einem anderen Frieden wünschen? Vielleicht sage ich: Mach dir keine Sorgen. Ich denke an dich. Du wirst es schaffen. Gott ist bei dir.

Mal sehen, wie vielen Menschen du heute etwas Gutes wünschen kannst. Heute Abend könnt ihr ja mal zusammenzählen.

D.K.

17. Februar

Es ist mein Gebet, dass Gott, die Quelle aller Hoffnung, euch in eurem Glauben volle Freude und vollen Frieden schenkt.

Römer 15, 13 (NGÜ)

Freude und Frieden – wo bekommen wir das her? Weder Freude noch Frieden kannst du im Supermarkt oder bei ebay kaufen. Aber woher bekommt man das?

Jesus ist die Quelle von all dem. Wenn wir diese Dinge haben wollen, müssen wir zu ihm kommen. Paulus betet, dass Gott uns Freude und Frieden schenkt.

Merkt ihr was? Es ist ein Geschenk! Gottes Freude und seinen Frieden kannst du dir nicht verdienen, du darfst sie dir aber schenken lassen. Gott gibt so gerne. Bittet ihn doch jetzt einfach darum, für euch selbst und auch für jemanden, den ihr kennt.

A.Kn.

---

18. Februar

David forderte alle Versammelten auf: „Preist den Herrn, euren Gott!" Und alle priesen den Herrn, den Gott ihrer Vorfahren, und sie verneigten sich und warfen sich vor dem Herrn und dem König auf den Boden.

1. Chronik 29, 20 (NLB)

David war der König und trotzdem wusste er, dass der wahre und ewige König der Gott des Himmels und der Erde ist. Das Volk sollte nicht ihn, den menschlichen König, verehren, sondern sich vor Gott verneigen.

Wie zeigst du Gott, dass du ihn ehrst? Wie preist du deinen Gott? Kennst du ein Lied, das ausdrückt, wie einzigartig und mächtig Gott ist und dass er der Größte ist? Wenn ja, dann sing es einfach mal. Am besten ist es, wenn ihr als ganze Familie gemeinsam Gott anbetet. David forderte alle Versammelten auf: „Preist den Herrn euren Gott!"

S.L.

---

19. Februar

Jesus sagte: „Wer mich liebt, wird sich nach meinem Wort richten; dann wird ihn mein Vater lieben, und wir werden zu ihm kommen und bei ihm wohnen."

Johannes 14, 23 (GN)

Wenn wir Jesus lieben, sollten wir versuchen, uns nach seinem Wort zu richten. Wenn wir das tun, können wir spüren, wie gut Gott es mit uns meint und wie sehr er uns liebt. Gott lebt dann in unseren Herzen. Das ist so ähnlich wie mit der Liebe zwischen Kindern und Eltern. Da Kinder ihre Eltern lieben, wollen sie ihnen gefallen und hören auf sie. Wenn das klappt, ist es sehr einfach, beieinander zu wohnen und miteinander zu leben.

Wenn du dich nach Jesu Worten richtest und tust, was er sagt, lebst du auch in „Wohngemeinschaft" mit Gott.

A.Lx.

---

20. Februar

Wenn es möglich ist und soweit es an euch liegt, lebt mit allen Menschen in Frieden. Mehr noch: Wenn dein Feind hungrig ist, gib ihm zu essen, und wenn er Durst hat, gib ihm zu trinken.

Römer 12, 18+20 (NGÜ)

Peter wird nach der Schule ordentlich von seinen Mitschülern verhauen. Was sagt der Vater? Hau zurück!

Pia ärgert ihre Schwester Lina und sagt ihr gemeine Sachen. Was sagt die Mutter zu Lina? Wehre dich!

So werden wir groß. Unsere Eltern bringen uns bei, uns zu schützen. Das ist auch gut so. Denn ängstliche, wehrlose Christen sind sicher nicht das Salz in der Suppe dieser Welt.

Aber eines Tages können wir es schaffen und das Geheimnis entdecken, das hinter diesem Bibelvers steckt. Jeder, der mir feindlich gegenübersteht, hat einen Grund. Wenn es mir gelingt, herauszufinden, was dem anderen fehlt und wenn ich kreative Wege finde, ihm dies zu geben, dann kann er zur Ruhe kommen. Gemein sein ist dann nicht mehr nötig.

Liebe ist stärker als Hass. Liebe hat Kraft und macht aus Schurken fromme Lämmer.

B.L.

21. Februar

Du gibst mir Kraft, wie ein wilder Stier sie hat; du schenkst mir Freude und neuen Mut.

Psalm 92, 11 (HFA)

So will ich mich auch freuen! Ein wilder Stier denkt nämlich nicht darüber nach, was er tut und er schleicht auch nicht mit gesenktem Kopf durch die Gegend, sondern er ist stark und mutig und zeigt das auch allen! Ich will auch diese Kraft, die Freude und den Mut von Gott haben.

G.L.

22. Februar

Jesus setzte sich nun in die Nähe des Opferkastens im Tempel und beobachtete die Leute, die ihre Gaben einwarfen. Viele Reiche spendeten hohe Beträge. Dann aber kam eine arme Witwe und steckte zwei kleine Münzen in den Opferkasten. „Das eine ist sicher", erklärte Jesus seinen Jüngern, „diese arme Witwe hat mehr gegeben als alle anderen. Die Reichen haben nur etwas von ihrem Überfluss gegeben, aber diese Frau opferte alles, was sie hatte."

Markus 12, 41-44 (HFA)

Jesus wollte seinen Jüngern über alle Bereiche der Nachfolge etwas beibringen. Deshalb setzte er sich extra in die Nähe des Opferkastens im Tempel. So konnte er den Jüngern erklären, wie man Geld für das Reich Gottes gibt.
Für Gott kommt es nicht darauf an, wie viel jemand spendet. Wohlhabende Menschen können natürlich mehr spenden, denn es bleibt ihnen immer noch genug zum Leben.
Jesus nimmt aber eine offensichtlich arme Frau als Beispiel und er findet es super, dass sie alles gibt, was sie hat. Das ist nicht viel Geld – nur zwei kleine Münzen – aber für diese Frau ist das der ganze Inhalt ihres Geldbeutels. Das ist ein echtes Vorbild!

A.K.

23. Februar

Herr, ich habe erkannt: Das Leben eines Menschen liegt nicht in seiner Hand. Niemand kann seine Schritte nach eigenem Plan lenken.

Jeremia 10, 23 (HFA)

Für Erwachsene und auch schon für viele Kinder ist ein Terminkalender eine ganz wichtige Sache. Morgens wirft man einen Blick darauf und weiß, was für den Tag so alles geplant ist. Aber wie der Prophet Jeremia habe ich inzwischen gelernt, dass nicht immer alles so kommt, wie ich es mir denke. So vieles kann passieren, worauf ich keinen Einfluss habe: Der Zug hat Verspätung oder die Lehrerin wird krank oder Oma kommt überraschend zu Besuch oder mein Fahrrad hat einen Platten.

Gut zu wissen, dass meine Schritte zwar nicht von mir, aber von unserem Vater im Himmel gelenkt werden. Und das ist prima!

B.J.

---

24. Februar

Jesus gab der Frau zur Antwort: „Jeder, der von diesem Wasser trinkt, wird wieder Durst bekommen. Wer aber von dem Wasser trinkt, das ich ihm gebe, wird niemals mehr durstig sein."

Johannes 4, 13+14a (NGÜ)

Jeder, der es will,
wer es haben möchte,
dem schenkt Gott
das Wasser des Lebens.
Ich komm jetzt zu dir,
bitte dich, mein Vater:
Schenke mir
das Wasser des Lebens.

Dass dein Leben in mir lebt,
deine Liebe durch mich liebt,
deine Treue macht mich treu.
Alles durch dich, mein Vater.
Dass dein Lachen in mir lacht,
deine Hoffnung durch mich hofft,
deine Stärke macht mich stark.
Alles durch dich, mein Vater.

(Daniel Kallauch aus der CD „Du bist der Vater", © cap-music, 72221 Haiterbach-Beihingen)

25. Februar

Gott ist mächtig, doch nicht nachtragend! Mitgefühl ist seine besondere Stärke.

Hiob 36, 5 (NLB)

Gott, du bist so mächtig, so stark, so groß. Man könnte fast Angst vor dir bekommen. Aber man muss es nicht. Denn du setzt deine Stärke und Macht für das Gute ein. Du bist stark in der Liebe, im Vergeben, im Zeigen von Mitgefühl. Ich bin so froh, dass du mein Gott bist!

M.M.

26. Februar

Jesus nahm die fünf Brote und zwei Fische, blickte zum Himmel auf und bat um Gottes Segen für das Essen. Dann brach er das Brot in Stücke und reichte den Jüngern Brot und Fisch, damit diese alles an die Leute verteilten. Alle aßen, so viel sie wollten. Danach sammelten sie ein, was von den Broten und Fischen übrig geblieben war: es waren noch zwölf Körbe voll. Fünftausend Männer waren von diesen fünf Broten satt geworden!

Markus 6, 41-44 (NLB)

Was sind schon fünf Brote und zwei Fische für fünftausend Menschen? Menschlich gesehen sind sie nichts! Doch Gottes Segen bewirkte eines der größten und bekanntesten Wunder, die Jesus tat.

Oft denken wir gering von unseren Gaben und Talenten. Wenn wir aber heute das wenige, das wir haben, im Vertrauen auf Gott einsetzen und ihn um seinen Segen bitten, kann Gott heute durch uns große und kleine Wunder bewirken. Welche „Brote“ und „Fische“ kannst du heute beisteuern?

G.P.

27. Februar

Wie glücklich ist ein Mensch, der sich nicht verführen lässt von denen, die Gottes Gebote missachten, der nicht dem Beispiel gewissenloser Sünder folgt und nicht zusammensitzt mit Leuten, denen nichts heilig ist. Wie glücklich ist ein Mensch, der Freude findet an den Weisungen des Herrn, der Tag und Nacht in seinem Gesetz liest und darüber nachdenkt.

Psalm 1, 1 (GN)

„Kauf ein Los und werde glücklich", verführt uns die Werbung. „Ruf an, jetzt sofort und finde wie Gustav Gans das große Glück."

Doch wenn wir diesen falschen Worten glauben, verpassen wir das echte Glück. Wirkliches, tiefes Glück erlebt, wer sich freut an den Worten, die Gott selbst spricht.

Als ich dich fand, war die Suche vorbei,
deine Worte schlugen Fesseln entzwei.
Habe Tag und Nacht Freude an ihnen,
sie machen mein Leben weit,
kann nur staunen voller Dankbarkeit.

(Stefan Rauch „Du bleibst bei mir" aus CD „Total")

28. Februar

Johannes trug ein Gewand aus Kamelhaaren und einen ledernen Gürtel um seine Hüften und er lebte von Heuschrecken und wildem Honig. Er verkündete: Nach mir kommt einer, der ist stärker als ich; ich bin es nicht wert, mich zu bücken, um ihm die Schuhe aufzuschnüren. Ich habe euch nur mit Wasser getauft, er aber wird euch mit dem Heiligen Geist taufen.

Markus 1, 6-8 (EÜ)

Johannes war ein Mann, der sehr einfach lebte. Er hatte keine Wohnung, keine vernünftige Kleidung, kein leckeres Essen – und zudem einen anstrengenden Job. Johannes zog predigend und taufend in Israel herum.

Wanderprediger waren damals hoch angesehen. Und manche von ihnen hatten eine große Fangemeinde, also Leute, die mit ihnen zogen und viel lernen wollten. Sie verehrten dann ihre Lehrer und erzählten später deren Geschichten und schwärmten von der großen Klugheit dieser Männer.

Aber bei Johannes war das anders. Er betonte immer und immer wieder: „Jesus wird bald kommen und predigen. Er ist etwas ganz Besonderes. Ich bin gar nichts im Vergleich zu ihm!" Johannes hat sein Leben dafür gegeben, die Leute auf Jesus aufmerksam zu machen. Das war sein einziges Lebensziel. Wofür lebst du?

S.E.

---

29. Februar

Auf dem Berg Zion kann man dir, o Gott, begegnen: wenn man dich still anbetet, dir Loblieder singt und das einlöst, was man dir versprochen hat. Weil du Gebete erhörst, kommen die Menschen zu dir.

Psalm 65, 2+3 (HFA)

Für viele Menschen ist es eine Hilfe, einen besonderen Ort zu haben, an dem sie ihr tägliches Meeting mit Gott haben. Meine Freundin Anne stellte sich einen Gebetssessel in eine schöne Fensterecke ihres Wohnzimmers. Die Freundin meiner Tochter geht fast jeden Tag hinunter zum Fluss und setzt sich auf einen Kletterbaum, um mit Gott zu reden. Für andere ist es die Kirche, die offen steht, damit Menschen zum Gebet hierher kommen können.

Wo ist dein Treffpunkt mit Gott? Gott hört uns überall, das ist klar. Aber vielen Menschen hilft ein besonderer Platz.

A.K.

1. März

Jesus kam zu Johannes und ließ sich von ihm im Jordan taufen. Als er aus dem Wasser stieg, sah er, wie der Himmel aufriss und der Geist Gottes wie eine Taube auf ihn herab kam. Und eine Stimme aus dem Himmel sagte zu ihm: „Du bist mein Sohn, dir gilt meine Liebe, dich habe ich erwählt."

Markus 1, 9-11 (GN)

Die Predigt von Johannes zog viele Menschen an. Sie erkannten ihre Schuld und ließen sich taufen. Das war gut, aber doch nur der Anfang eines Weges zu Gott.

Nun aber beginnt etwas noch Bedeutenderes. Jesus kommt und er wird für alle Menschen den Weg zu Gott für immer frei machen. Er, der Sohn Gottes, steht mitten unter den Sündern im Jordan. Sein Vater im Himmel war darüber so begeistert, dass er sogar seine Stimme erschallen ließ, um alle darauf aufmerksam zu machen.

Als wollte er sagen: Hallo, ihr Menschen, schaut alle her! Ich schicke euch meinen Sohn. Er ist der einzige Weg zu mir. Das ist mein Liebesplan für euch.

S.L.

2. März

Die Jünger brachten das Fohlen zu Jesus, warfen ihre Mäntel darüber, und er setzte sich darauf. Viele Menschen aus der Menge breiteten ihre Mäntel vor Jesus auf dem Weg aus, andere schnitten auf den Feldern grüne Zweige ab und legten sie auf den Weg. Vor und hinter Jesus drängten sich die Menschen und riefen: „Gelobt sei Gott! Gepriesen sei, der im Namen des Herrn kommt! Segen für das künftige Reich unseres Vaters David! Lobt Gott im höchsten Himmel!" So kam Jesus nach Jerusalem und ging in den Tempel.

Markus 11, 7-11 (NLB)

Schier endlose Begeisterung kam Jesus entgegen, als er nach Jerusalem ritt. Endlich kommt der Messias und wird der Herrschaft der Römer ein Ende setzen. Daran glaubten die Juden fest.

Es stimmt – Gott möchte sein Reich auf der Erde bauen. Aber er tut es nicht, indem er Regierungen stürzt und Ungerechtigkeit beseitigt. Er will zuerst unsere Herzen gewinnen. Er möchte, dass wir ihm gehören und aufhören, Dinge zu tun, die ihm nicht gefallen. Wenn Jesus bei mir einzieht, kann ich wie die Menschen in Jerusalem rufen: „Gelobt sei Gott!" Er wird mich verändern! Das ist das große Wunder!

C.E.

3. März

Jedem von uns wird eine geistliche Gabe zum Nutzen der ganzen Gemeinde gegeben. Dem einen gibt der Geist also die Fähigkeit, guten Rat zu erteilen, einem anderen verleiht er die Gabe besonderer Erkenntnis. Dem einen schenkt er einen besonders großen Glauben, dem anderen die Gabe, Kranke zu heilen – das alles bewirkt der eine Geist.

1. Korinther 12, 7+8 (NLB)

In der Gemeinde, wie Gott sie sich vorstellt, gibt es keine Zuschauer! Jeder darf als Teil des Ganzen aktiv werden, mit einer Gabe, die der Geist Gottes schenkt.

Weißt du, welche Gaben es gibt? Zum Beispiel: Gebet, Lehre, Helfen, Organisieren, Singen, Barmherzigkeit, künstlerische Gestaltung – und vieles mehr. Kennst du deine geistlichen Gaben? Benutzt du diese Gaben in der Gemeinde oder lässt du lieber andere dienen und arbeiten?

G.P.

4. März

Kümmert euch um die Schwierigkeiten und Probleme des anderen, und tragt die Last gemeinsam. Auf diese Weise verwirklicht ihr, was Christus von euch erwartet.

Galater 6, 2 (HFA)

Liebe ist gütig. Liebe bleibt dran.
Liebe macht frei. Liebe hält an.
Liebe deckt zu. Liebe baut auf.
Liebe lässt leben. Sie hört nie auf.
Liebe dringt durch, bleibt in der Spur,
ist bescheiden und endlos stur,
lässt sich nicht reizen, sie erträgt,
wenn das Dunkel nach ihr schlägt.

Liebe hat Anstand, spielt sich nicht auf,
treibt nicht Mutwillen, nimmt in Kauf,
sucht nicht sich selbst und ist blind,
Liebe vergisst, wie wir sind.

Liebe schenkt, will sich ausgeben,
hat einen Namen. Liebe ist Leben.
Sie ist Person und sie ist hier,
ist Mensch geworden und der Grund sind wir.

(Stefan Rauch „Liebe" aus der CD „Total")

5. März

Gott, zeige deine Macht, die du schon früher an uns erwiesen hast!

Psalm 68, 29 (HFA)

Wenn du Gott intensiv um etwas bittest, dann darfst du es so machen wie David in diesem Gebet: Erinnere Gott an all das, was du schon mit ihm erlebst hast. Sage ihm, dass du ihm völlig vertraust, weil er sein Wesen niemals ändert. Sage ihm auch, dass du fest davon überzeugt bist, dass er auch heute noch genauso treu, verlässlich und mächtig ist wie in früheren Zeiten. Das macht dein Gebet stark und glaubensvoll.

Gibt es etwas, worum du Gott schon lange bittest?

A.K.

---

6. März

Herr, ein Tag in deinem Tempel ist mehr wert als tausend andere! Ich möchte lieber ein einfacher Türhüter sein an der Schwelle deines Hauses, als bei den Menschen zu wohnen, die dich missachten!

Psalm 84, 11 (HFA)

König David hatte viele große Häuser, schöne Kleider und konnte jeden Tag essen, was er wollte. Er konnte lesen und rumhängen, so viel er wollte und sich mit allen berühmten und lustigen Leuten treffen, wann immer er wollte. Aber was singt David hier?

Er singt, dass von all den schönen Sachen und all den tollen Orten auf der Welt der Tempel Gottes der schönste Ort ist. Der König David fand es am allerschönsten, Geschichten von der Liebe Gottes zu hören, mit dem König aller Könige zu sprechen und ein Freund von Gottes Freunden zu sein.

Gebet: Lieber Vater im Himmel, vielen Dank dafür, dass du jeden von uns heute noch einlädst, dein Freund und deine Freundin zu sein. Dass du auch mich einlädst, in deiner Nähe zu sein. Ich möchte gerne mit deinen Freunden befreundet sein! Amen.

S.E.

7. März

Wie kostbar ist deine Gnade, Gott! Bei dir finden Menschen Schutz im Schatten deiner Flügel. Du beschenkst sie aus deinem Überfluss. Du überschüttest sie mit Freude.

Psalm 36, 8+9 (NLB)

Es gibt Momente, in denen Menschen merken, wie reich Gott sie beschenkt hat. Sie erleben eine tiefe Freude. Sie fühlen sich beschenkt, weil Gott ihre Fehler nicht bestraft, sondern gnädig ist. Sie fühlen sich bei Gott sicher. So wie Küken, die sich unter den Flügeln ihrer Mutter beschützt und sicher fühlen.

Kleine Aufgabe: Finde ähnliche Beispiele, die Sicherheit und Schutz deutlich machen. Vielleicht hilft dir das, noch mehr zu verstehen, wie geborgen wir bei Gott sind.

J.F.

8. März

Ein Hitzkopf fängt Streit an; ein besonnener Mensch aber versucht zu schlichten.

Sprüche 15, 18 (NLB)

Es gibt mehrere Möglichkeiten, mit „brenzligen" Situationen umzugehen. Eine zum Beispiel ist Hitzköpfigkeit, so wie im Vers genannt. Eine andere ist, aus Feigheit oder Angst unter allen Umständen eine Auseinandersetzung vermeiden zu wollen. Besonnenheit ist ein dritter Weg. Wer besonnen ist, der denkt erst nach, hört sich alle Seiten an und hat dann den Frieden im Sinn.

Gebet: Jesus, bitte hilf uns heute, in schwierigen Situationen einen kühlen Kopf zu bewahren. Lass uns geisterfüllt und geistesgegenwärtig das eigentliche Problem verstehen, damit wir gut mit anderen Menschen umgehen. Amen.

A.Lr.

9. März

Voller Vertrauen blicke ich in die Zukunft, mein Gott; darum will ich singen und dir danken, Herr! Fasse neuen Mut, mein Herz! Wach auf!

Psalm 108, 2 (HFA)

Weil Gott einen guten Plan hat mit dieser Welt, weil er letztlich Sieger ist, weil er eine neue Erde schaffen wird, deshalb dürfen wir singen, auch wenn wir von Klimaveränderung, neuen Waffen, tödlichen Krankheiten und von der Angst vor einer schrecklichen Zukunft hören. Gott ist der Anfang und das Ende und er hat auch die Zukunft in der Hand.

B.Min.

10. März

Doch Jesus sagte: „Lasst die Kinder zu mir kommen und hindert sie nicht, denn für Menschen wie sie ist das Reich Gottes bestimmt."

Matthäus 19, 14 (HFA)

Du bist mein geliebtes Kind,
Kinder dürfen kommen, wie sie sind.
Du bist mein geliebtes Kind,
komm, tauch ein in meine Liebe.

Du bist mein – ich vergebe dir mit meiner Liebe.
Du bist mein – ich umgebe dich mit meiner Liebe.
Du bist mein – ich belebe dich mit meiner Liebe.
Ich bin dein Vater – du bist mein.

(Daniel Kallauch aus der CD „Du bist der Vater", © cap-music, 72221 Haiterbach-Beihingen)

11. März

Als ich mich weigerte, meine Schuld zu bekennen, war ich schwach und elend, dass ich den ganzen Tag nur noch stöhnte und jammerte. Tag und Nacht bedrückte mich dein Zorn, meine Kraft vertrocknete wie Wasser in der Sommerhitze. Doch endlich gestand ich dir meine Sünde und gab es auf, sie zu verbergen. Ich sagte: „Ich will dem Herrn meine Auflehnung bekennen." Und du hast mir vergeben und meine Schuld weggenommen!

Psalm 32, 3-5 (NLB)

Als ich klein war, habe ich mich mal sehr über meine Mutter geärgert und dann habe ich ihren Diamantring genommen und im Garten verbuddelt. Jahrelang habe ich nichts davon erzählt. Der Ring war weg. Mir wurde immer heiß und kalt, wenn von ihm die Rede war. Jahre später erst habe ich meine Tat gebeichtet. Es war ein sehr kostbarer Ring, aber meine Mutter konnte mir vergeben. Was für eine Erleichterung! Heute lachen wir darüber.

Gebet: Vater, du willst uns unsere Schuld abnehmen, damit wir wieder glücklich sein können. Hilf uns, aus unseren Fehlern zu lernen, damit wir weder uns selber noch anderen wehtun. Amen.

B.L.

12. März

Alle Welt sieht staunend seine Taten, doch man erblickt sie nur von ferne. Wie mächtig ist Gott, wie unbegreiflich! Wer kann seine Jahre zählen?

Hiob 36, 25+26 (HFA)

Auch wenn ich mich hundertprozentig konzentrieren würde, jeden Tag zehn Stunden Bibel lesen, geduldig lange beten und Predigten ohne Ende hören würde... dennoch bliebe Gott immer noch geheimnisvoll und unbegreiflich. Unser Verstand kann ihn einfach nicht fassen. So viele Seiten an Gott können wir uns einfach nicht vorstellen. Wir stehen staunend vor ihm.

B.Min.

13. März

Johannes, der Täufer, sagte: „Ich habe doch immer wieder erklärt, dass ich nicht Christus bin, der von Gott gesandte Retter. Habt ihr das vergessen? Ich sollte ihn nur ankündigen, mehr nicht. Immer mehr Menschen sollen zu Christus kommen, und ich will immer mehr in den Hintergrund treten."
Johannes 3, 28+30 (HFA)

Johannes hatte alle Möglichkeiten, als Superstar groß rauszukommen. Die Leute liefen ihm in Scharen nach. Das war schon ziemlich schmeichelhaft. Aber Johannes lässt das alles kalt. Er hat seine Aufgabe begriffen: Seine Worte und Taten sollen einzig und allein auf Jesus hinweisen. Denn nur der Glaube an Jesus bringt den Menschen das ewige Leben. Das wusste Johannes.

Gebet: Herr, lass uns wie Johannes sein. Wir wollen mit unseren Worten und Taten auf dich hinweisen. Unsere Freunde sollen sehen, dass du es bist, der ihnen gibt, was sie brauchen. Amen.

C.E.

14. März

Gott sorgt für sein Volk wie ein guter Hirte. Die Lämmer nimmt er auf den Arm und hüllt sie schützend in seinen Umhang. Die Mutterschafe führt er behutsam ihren Weg.
Jesaja 40, 11 (HFA)

Gott ist fürsorglich zu uns Menschen wie ein guter Hirte. Stell dir vor, wie er dich auf den Arm nimmt, wenn du traurig bist. Wenn du Angst hast, dann legt er seinen Umhang um dich, sodass du geborgen und sicher bist.

Gott verlangt auch nicht Dinge von uns, die wir nicht können, er sucht für jeden den besten Weg aus. Er weiß, dass es Zeiten gibt, in denen du stark bist, und andere Zeiten, wo er dir besonders sorgsam seine Nähe zeigen muss.

Gott erinnert mich hier an eine Mutter, die ihre Antennen weit ausgefahren hat, um die Bedürfnisse ihrer Kinder zu spüren.

A.K.

15. März

Der Gott des Himmels wird unser Vorhaben gelingen lassen. Wir tun nur, was er von uns möchte.

Nehemia 2, 20a (HFA)

Nehemia hatte es nicht leicht. Er tat, was Gott wollte, aber dafür wurde er heftig kritisiert.

Den Spöttern antwortete er mutig: „Gott wird uns Gelingen geben, denn er ist mit uns!"

Hast du schon mal etwas getan, wovon du genau wusstest, dass Gott das will?

Wenn ja, dann wirst du wissen, dass das nicht immer einfach ist. Aber es ist das Beste, was du tun kannst: Gott nach seinem Willen zu fragen. Wenn dann andere dich wegen deines Glaubens und Lebens mit Gott auslachen, kannst du wie Nehemia antworten: Der Gott des Himmels wird mir Gelingen geben! Ich habe mich entschieden, das zu tun, was er von mir möchte.

S.L.

16. März

Selbst wenn ich alles, was mir gehört, an Obdachlose und Penner verschenken würde, ja selbst wenn ich mein Leben für andere riskieren und dabei sterben würde, aber ich würde das nicht aus Liebe machen, es wäre für die Tonne und umsonst.

1. Korinther 13, 3 (VB)

Die frischgebackene Geburtstagstorte steht zum Anschneiden bereit. Mit Sahne verziert, mit Schokoherzen garniert, mit Kerzen bestückt. Eine Augenweide. Doch nach dem ersten Bissen spuckt das Geburtstagskind sie angewidert aus. Der Bäcker hatte Zucker mit Salz verwechselt. Der schöne Kuchen war ungenießbar, weil die Zutaten verwechselt wurden.

Alle meine guten Taten, alle meine netten Worte, all meine Freigiebigkeit ist umsonst, wenn es mir dabei hauptsächlich nur um mich geht und die Liebe in meinem Herzen fehlt. Liebe ist die wichtigste Zutat in Gottes „Backstube".

Übrigens: Das Wort „Liebe" kannst du auch mit „Jesus" ersetzen. Bei allem, was ich tue und denke, soll er nicht fehlen.

S.V.

---

17. März

Gott machte David zu seinem Diener und holte ihn weg von den Schafherden. Er nahm David fort von den Mutterschafen und Lämmern und machte ihn zum Hirten über sein Volk Jakob und über sein Erbe Israel. Er sorgte für sie mit einem aufrichtigen Herzen und führte sie mit kluger Hand.

Psalm 78, 70+71 (NLB)

Gott möchte jeden gebrauchen, der sein Freund ist. Dafür hat er jeden Menschen so ausgestattet, dass er mindestens eine Sache besonders gut kann. Das sind die Gaben, die uns Gott gegeben hat. Was kannst du besonders gut? Wie kannst du deine Gaben einsetzen, sodass Gott sich darüber freut? David hatte als Hirte schon viele Dinge gelernt und seine Fähigkeiten ausgebaut. Als Gott dann eine größere Aufgabe für ihn hatte, konnte er seine Gaben auch dort einsetzen.

W.D.

---

18. März

Jesus antwortete Pilatus: „Mein Reich ist nicht von dieser Welt. Wenn es so wäre, hätten meine Diener für mich gekämpft, als ich verhaftet wurde. Aber mein Königreich ist nicht von dieser Welt."

Johannes 18, 36 (NLB)

Königreiche in unserer Welt haben eine typische Eigenschaft: Sie hören irgendwann auf. Das war mit jedem Reich so: Das mächtige, große Römerreich ging irgendwann zu Grunde, ebenso das Reich der Ägypter.

Die „Regierung“ von Jesus hört nie auf, weil sie ein Teil von Gottes ewiger Welt ist. Dass Jesus die Macht über die Welt hat, steht immer fest. Dass Jesus das letzte Wort hat, macht mir Hoffnung. Egal, wer heute scheinbar die Macht hat – Jesus hat alles im Griff.

A.J.

---

19. März

Der Herr macht arm und macht reich, er erniedrigt und er erhöht. Den Schwachen hebt er empor aus dem Staub und erhöht den Armen, der im Schmutz liegt; er gibt ihm einen Sitz bei den Edlen, einen Ehrenplatz weist er ihm zu.

1. Samuel 2, 7-8a (EÜ)

Oft sind wir in unserer Gesellschaft beeindruckt von Menschen, die reich sind, tolle große Autos fahren oder im Rampenlicht der Medien stehen. Aber Gott schaut anders hin. Er bemerkt, wenn jemand schwach ist oder es jemandem schlecht geht. Unser wunderbarer Gott hilft und kann den Spieß sogar umdrehen. Es lohnt sich, ihm immer zu vertrauen, auch wenn unser Leben mal nicht so läuft, wie wir es uns wünschen.

K.H.

---

20. März

Am Vorabend des Passahfestes wusste Jesus, dass nun die Zeit gekommen war, diese Welt zu verlassen und zum Vater zurückzugehen. Er hatte die Menschen geliebt, die sich in dieser Welt zu ihm bekannten, und er hörte nicht auf, sie zu lieben.

Johannes 13, 1 (HFA)

Jesus wusste, dass er bald sterben würde und seine Freunde, die er sehr lieb hatte, zurücklassen musste. Das war eine äußerst schwere Zeit in Jesu Leben. Aber er entschied sich freiwillig dafür, diese Zeit durchzustehen, denn er wusste: Nur durch sein Sterben und seine Auferstehung wird es für die Menschen möglich sein, eine enge persönliche Freundschaft mit seinem Vater im Himmel aufzubauen. Gebet: Danke Jesus, dass du das für mich getan hast!

M.M.

21. März

Er antwortete ihnen: „Die Stunde ist gekommen! Jetzt wird die Herrlichkeit des Menschensohns sichtbar werden. Amen, ich versichere euch: Das Weizenkorn muss in die Erde fallen und sterben, sonst bleibt es allein. Aber wenn es stirbt, bringt es viel Frucht."

Johannes 12, 23+24 (GN)

Hast du schon mal ein Weizenkorn gesehen und wie daraus eine große Ähre mit ganz vielen neuen Weizenkörnern wird? Das geht nicht in drei Sekunden oder mit einem Fingerschnipsen. Das braucht Zeit und geht auch nicht von allein, denn das Weizenkorn braucht immer wieder Wasser und Nährstoffe aus der Erde. Und dann geht das Weizenkorn auch noch kaputt!

So musste auch Jesus sterben, damit etwas Größeres entstehen konnte. Die Bibel nennt das „viel Frucht" und das bedeutet: die Erlösung für alle Menschen, die an Jesus glauben.

G.L.

---

22. März

Der Herr ist auf meiner Seite, und ich brauche mich vor nichts und niemandem zu fürchten. Was kann mir ein Mensch schon antun? Der Herr steht für mich ein und hilft mir.

Psalm 118, 6-7a (HFA)

Mannschaftsbildung im Sportunterricht. Maike und Sven dürfen wählen. „Ich nehme Tobias", sagt Maike. „Ich nehme Tim", sagt Sven. Maike wählt noch Oliver. Tja, damit wäre die Sache wohl erledigt. Mit Tobias und Oliver auf ihrer Seite – da hat Maikes Mannschaft eigentlich schon gewonnen. So ist es auch, wenn man Gott auf seiner Seite hat. Wer Gott vertraut – der hat schon gewonnen – da kann kommen was will.

A.K.

23. März

Früh am Sonntagmorgen, gerade als die Sonne aufging, machten sie sich auf den Weg zum Grab. Unterwegs überlegten sie, wer ihnen den Stein vom Eingang des Grabes wegwälzen könnte. Als sie jedoch hinkamen, sahen sie, dass der Stein – ein massiver Felsblock – bereits zur Seite gewälzt war. Sie betraten die Grabhöhle und bemerkten dort auf der rechten Seite einen jungen Mann in einem strahlend weißen Gewand. Die Frauen erschraken sehr, aber der Engel sagte: „Habt keine Angst. Ihr sucht Jesus von Nazareth, der gekreuzigt wurde. Er ist nicht hier. Er ist von den Toten auferstanden!"

Markus 16, 2+3 (NLB)

„Ach, war das noch schön mit Jesus", haben die Frauen unterwegs zum Grab vielleicht geredet, „er hat für uns gesorgt, er hat uns Gott so nah gebracht. Wir haben Gott verstanden und selbst erlebt, wie es ist, zu Gottes Reich zu gehören."

Aber das war nun alles vorbei. Dachten sie. Dass Jesus auferstanden war – damit haben sie nicht gerechnet. Als sie den Engel sahen, bekamen sie nur noch Angst. Der Engel sagte es aber ganz deutlich: Ostern ist kein Fest, an dem man Angst haben muss. Ostern ist das Fest, das uns zeigt: All das Gute, das wir mit Jesus erlebt haben, ist eben noch nicht vorbei. Jesus lebt! Und er sagt es uns jeden Tag zu: „Habt keine Angst!"

H.V.

24. März

Ich weiß, dass mein Erlöser lebt und auf dieser Erde das letzte Wort haben wird. Ich werde ihn sehen, ja, mit meinen eigenen Augen werde ich ihn erblicken, ohne jede Fremdheit. Danach sehnt sich alles in mir.

Hiob 19, 25+27 (NLB)

Hiob ging es richtig schlecht. Keine ärztliche Versorgung, kein Bett, das täglich frisch bezogen wird und menschlich gesehen auch keine Hoffnung, jemals wieder gesund zu werden. Er wusste noch nicht einmal, warum er so krank geworden ist.

Aber so, wie du weißt, dass der Kopf oben und die Füße unten sind, so wusste Hiob, dass sein Erlöser lebt, der ihn aus seiner Situation herausholen kann. Hiob sehnte sich danach, endlich keine Schmerzen mehr zu haben und gesund zu sein, aber noch viel mehr sehnte er sich danach, Gott zu sehen. Er wusste: Es gibt nichts Besseres, als für immer in der Nähe Gottes zu sein.

G.L.

---

25. März

Während des Passahfestes war Jesus in Jerusalem. Viele glaubten an ihn, als sie die Wunder sahen, die er tat. Aber Jesus blieb ihnen gegenüber zurückhaltend, denn er kannte sie alle. Er wusste genau, wie es im Innersten des Menschen aussieht; niemand brauchte ihm darüber etwas zu sagen.

Johannes 2, 23-25 (NGÜ)

Zur Zeit des Passahfestes waren immer sehr viele Menschen in Jerusalem und viele hofften darauf, dass Jesus vor ihren Augen Wunder vollbringen würde. Aber Jesus beobachtete die Menschen und wusste, dass er nicht wegen der großen und machtvollen Wunder hier auf der Erde war, sondern wegen der Herzen der Menschen. Er wollte die Herzen der Menschen für Gott gewinnen. Dafür ist er am Kreuz gestorben. Dort hat er für alle Menschen das größte Wunder vollbracht: Er hat unsere Herzen erlöst von der Macht der Sünde.

B.Ma.

26. März

Jesus sagte zu Marta: „Ich bin die Auferstehung und das Leben. Wer an mich glaubt, wird leben, auch wenn er stirbt. Er wird ewig leben, weil er an mich geglaubt hat, und niemals sterben."

Johannes 11, 24 (NLB)

Gibt es ein Leben nach dem Tod? Wenn wir Jesus glauben und seinen Worten vertrauen, dann wissen wir: Es gibt ein Leben nach dem Tod. Mit Jesus schlüpfen wir durch den Tod hindurch zum ewigen Leben. Wenn wir uns ganz stark an Jesus festhalten und ihn nicht loslassen, brauchen wir keine Angst vor dem Tod zu haben.

B.M.-Sch.

---

27. März

Jesus rief der Menge zu: „Wenn ihr mir glaubt, glaubt ihr nicht nur an mich, sondern an Gott, der mich gesandt hat. Denn wenn ihr mich seht, seht ihr den, der mich gesandt hat."

Johannes 12, 44+45 (NLB)

Jesus will hier ein großes Geheimnis erklären: Der himmlische Vater und er sind ein und derselbe, auch wenn sie sich gleichzeitig deutlich unterscheiden.

Jesus, der Sohn, wurde Mensch, lebte auf der Erde und starb am Kreuz. Gott, der Vater, hat ihn auferweckt und zu sich in den Himmel geholt. Dann schickte Gott den unsichtbaren Heiligen Geist, der jetzt in allen Kindern Gottes wohnt. Alle drei sind eins und alle drei sind doch verschieden.

Vielleicht kannst du dieses Geheimnis besser verstehen, wenn du dir vorstellst, in welchen verschiedenen Formen Wasser vorkommt. Wasser kann man trinken und in Wasser kann man baden, weil es flüssig ist. Aber Wasser kann auch hart und fest sein: als Eis! Auch im Wasserdampf ist Wasser. Alle drei Formen sind verschieden – und sind doch gleich: Wasser.

S.E.

28. März

Gott schenkt uns in der Gemeinschaft mit Jesus Christus, unserem Herrn, das ewige Leben, das schon jetzt beginnt und niemals aufhören wird.

Römer 6, 23b (HFA)

„Erst musst du dein Zimmer aufräumen, dann darfst du spielen." Oder: „Wenn du eine gute Note schreibst, gehe ich mir ins Kino."

„Wenn du an Gott glaubst, kommst du in den Himmel?!" Doch bis dahin beiße ich die Zähne zusammen und kämpfe mich durchs Leben? Verzichte auf viele schöne Dinge, um Gott zu gefallen?

Es mag sein, dass man als Christ nicht jeden Blödsinn mitmachen muss – Tatsache ist aber, dass schon jetzt und heute das Leben mit Gott beginnt. Keine Vertröstung auf später. Jesus ist für mich da und möchte mein Freund sein. Und zwar jetzt und für immer!

C.E.

29. März

Das ewige Leben zu haben heißt, dich zu kennen, den einzig wahren Gott und den zu kennen, den du gesandt hast, Jesus Christus.

Johannes 17, 3 (NGÜ)

Glaubst du das, was die Bibel dir erzählt? Hast du schon einmal gespürt, dass es in der Welt noch mehr gibt als das, was du mit deinen Augen sehen kannst? Kennst du Gott, den Einzigen der gleichzeitig überall sein kann, im Himmel und in deinem Herz? Ja? Juchhu! Dann hast du ein Leben, das ewig hält, das auch vom Tod nicht beendet wird. Ein Leben, das jetzt schon genial sein kann, weil du den besten Freund hast, den es gibt. Er hat dich unendlich lieb. Er ist immer für dich da. Und er kann alles.

J.N.

30. März

In jedem Land kennt man deinen Namen, dein Ruhm reicht bis ans Ende der Welt.

Psalm 48, 11 (HFA)

Ich war einmal auf einem großen Treffen, bei dem Christen aus allen Ländern der Welt waren. Zum Teil was es gar nicht so einfach, sich zu verständigen, da alle Leute in unterschiedliche Sprachen redeten. Und trotzdem hatten wir eins gemeinsam: Wir glaubten an denselben Gott!

Ich finde es schön, dass es überall auf der Welt Christen gibt. Wenn man jemanden kennenlernt, spürt man oft ein besonderes Band, das einen miteinander verbindet.

M.D.

31. März

Der Herr sprach: „Ihr seid in meiner Hand wie Ton in der Hand des Töpfers!"

Jeremia 18, 6b (HFA)

Hast du schon mal einen Töpfer bei der Arbeit gesehen? Zuerst hält er einen unförmigen, feuchten Klumpen in der Hand. Wer ihm zusieht, kann sich nicht vorstellen, was daraus einmal werden soll. Aber der Töpfer weiß schon genau, was er formen möchte. Geduldig und geschickt bildet er ein wunderschönes, einzigartiges Gefäß.

Genauso ist es mit Gott und dir. Er hält dich in seiner Hand und möchte mit dir und deinem Leben etwas Schönes und ganz Besonderes gestalten.

B.B./M.Kü.

1. April

Die ganze Welt soll unseren Gott preisen und ihn mit lauter Stimme loben. Denn unser Leben liegt in seiner Hand, er bewahrt unsere Füße vor dem Stolpern.

Psalm 66, 8+9 (NLB)

Wie oft meine ich, mein ganzes Leben fest im Griff zu haben und scheitere doch häufig an den Kleinigkeiten des Alltags? Wie oft strenge ich mich an, mich zu bessern und muss doch immer wieder sehen, dass ich über dieselben Steine stolpere? Wie oft muss ich noch erfahren, dass ich mich nicht auf mich selbst verlassen kann?

Gebet: Vater im Himmel, auf dich ist Verlass! Ich lege mein Leben neu in deine Hände, denn du hältst mich und lässt mich nicht los. Du führst mich auf deinem Weg, du leitest mich durch dein Wort und deinen Geist. Dafür preise ich dich! Danke, dass du treu und gut bist und dich um mich kümmerst. Amen.

G.P.

---

2. April

Sind andere Menschen glücklich, dann freut euch mit ihnen. Sind sie traurig, dann begleitet sie in ihrem Kummer.

Römer 12, 15 (NLB)

Wenn wir uns mit den Menschen um uns herum freuen oder mit ihnen weinen, tut ihnen das gut und uns selbst auch. Unser Leben wird reicher, wenn wir mitfühlend sind. Wem wirst du heute wohl alles begegnen? Sind dir diese Menschen egal oder nimmst du Anteil an ihrer Freude und ihren Sorgen?

Ein Mensch, in dem der Geist Gottes lebt, hört auf mit der Gleichgültigkeit. Für den ist geteiltes Leid halbes Leid und geteilte Freude doppelte Freude. (... ein verzwicktes Sprichwort!)

S.R.

---

3. April

Halleluja – lobt den Herrn! Lobt den Herrn im Himmel, lobt ihn dort in der Höhe! Lobt ihn, alle seine Engel, lobt ihn, ihr himmlischen Heere! Lobt ihn, Sonne und Mond, lobt ihn, ihr leuchtenden Sterne! Lobt ihn auch im fernsten Weltall, lobt ihn, ihr Wassermassen über dem Himmel! Sie alle sollen den Herrn loben! Denn auf seinen Befehl wurden sie erschaffen. Er wies ihnen für alle Zeiten ihren Platz im Weltall zu und gab ihnen feste Gesetze, denen sie für immer unterworfen sind.

Psalm 148, 1-6 (HFA)

Hast Du schon mal gesehen, wie eine erfolgreiche Fußballmannschaft oder eine Olympiasiegerin von den Fans begrüßt, bejubelt und beklatscht wird? Genau solch eine Stimmung wird auch in diesem Jubelruf laut! Alle haben Grund, Gott zu loben und ihn zu feiern. Er hat nicht nur eine Olympiade gewonnen oder einen tollen neuen Weltrekord aufgestellt – obwohl er das spielend könnte. Nein: Er hat alles um uns herum erschaffen und genau so gewollt, wie es ist: Gott ist der größte Held, dessen Fan man überhaupt sein kann. Lasst uns in den Jubel mit einstimmen!

S.E.

4. April

Ich schreie zum Herrn, so laut ich kann, ich bitte den Herrn um Hilfe. Ihm klage ich meine Not, ihm sage ich, was mich quält. Auch wenn ich selbst allen Mut verliere, du, Herr, weißt, wie es mit mir weitergeht!

Psalm 142, 2-4 (GN)

Bei uns rumpelt es nicht selten im Karton. Die Jungs fetzen sich, die Tochter will wieder nicht die Kleider anziehen, wie es die Mutter gerne hätte, und mich nervt es gehörig, dass mein Schreibtisch als Selbstbedienungsladen missbraucht wurde. Da kann es ganz schön laut werden. Nur seltsam: Das Schreien gegenüber Gott kenne ich kaum. Natürlich schreit es oft in Gedanken. Nicht selten habe ich Zeiten, da liege ich Gott flehend in den Ohren. Aber schreien? Warum eigentlich nicht? Vor einiger Zeit bin ich extra in den Wald gegangen. Hier konnte ich ungestört und laut mit Gott ringen – sogar schreien. Es war eine gute Erfahrung. Seitdem sind es für mich besonders schöne Zeiten, mit Gott „laut" zu reden und zu ringen. Gott möchte, dass wir ihm ganz ehrlich unsere Gefühle sagen. Wir brauchen uns Gott gegenüber nicht zu verstellen.

M.H.

5. April

Geht miteinander so um, wie es Christus vorgelebt hat. Dann könnt ihr gemeinsam mit einer Stimme Gott, den Vater unseres Herrn Jesus Christus, loben und ehren.

Römer 15, 5b+6 (NLB)

Jesus hat gesagt: Was ihr einem anderen getan habt, das habt ihr mir getan. Wenn wir also einen anderen Menschen anschreien oder schlagen, dann tut das Jesus weh und es steht eine unsichtbare Mauer zwischen uns und Gott. Es ist unmöglich, Gott zu loben, während wir im Streit mit anderen leben. Jesus hat sogar am Kreuz noch gebetet: Vater vergib ihnen!

Frage: Wem sollte ich vergeben oder wen um Vergebung bitten?

S.L.

6. April

Alles, worum ihr im festen Glauben betet, wird Gott euch geben. Aber wenn ihr ihn um etwas bittet, sollt ihr vorher den Menschen vergeben, die euch Unrecht getan haben.

Markus 11, 24 (HFA)

Wenn mein Herz voller Ärger und Wut über einen meiner Mitmenschen ist, kann Gott mir nicht zuhören, wenn ich mit ihm rede. Wenn ich anderen gegenüber schlechte Gefühle habe, dann nehmen sie so viel Raum in meinem Herzen ein, dass ich nicht mehr weiß, wofür ich am besten beten soll. Die schlechten Gedanken trüben meinen Blick für das, was gut und wichtig ist.

Ich schade mir also selbst, wenn ich denen nicht vergebe, die mich verletzt haben.

Deshalb fordert uns Jesus in diesem Vers dazu auf, anderen zu vergeben. Das ist nicht immer leicht, doch wir können Jesus darum bitten, uns dabei zu helfen.

A.Ko.

7. April

Jesus sah seine Mutter unter dem Kreuz stehen und neben ihr den Jünger, den er besonders lieb hatte. Da sagte er zu seiner Mutter: „Frau, er ist jetzt dein Sohn!" Und zu dem Jünger sagte er: „Sie ist jetzt deine Mutter!" Von da an nahm der Jünger sie bei sich auf.

Johannes 19, 26 (GN)

Sogar in der Stunde, in der es Jesus am schlechtesten ging, in der Stunde seines Todes, kümmerte er sich noch um die anderen. Er sorgte sich voller Liebe und Fürsorge um die beiden Menschen, die ihn so lieb hatten und die sich jetzt gegenseitig helfen und trösten sollten. So kann man auch seine Liebe zu anderen zeigen: indem man sie zusammenbringt.

T.K.

8. April

Herr, du hast mich erhört! Ich will meinen Brüdern deinen Namen bekanntmachen, vor der ganzen Gemeinde will ich dich loben und ehren. Alle, die ihr den Herrn achtet, preist ihn!

Psalm 22, 22b-24a (HFA)

Ich habe einmal in einem Schulgottesdienst Gitarre gespielt. Die Kirche war voller Kinder. Da waren wilde Kerle dabei. Ich fing an, ein Loblied für Gott zu singen. Die meisten sangen nicht mit. Einige von ihnen machten Unsinn. Plötzlich stand ein Mädchen auf, das ich aus unserem Kindergottesdienst kannte, und sang mit. Alle in der Kirche konnten sehen, dass sie Gott ehren wollte. Ich fand das ganz schön mutig. Was meint ihr, hat Gott sich darüber gefreut? Willst du jemand sein, der den Namen Jesu vor allen anderen Menschen ehrt?

A.Kn.

9. April

Der Faulpelz will zwar viel, erreicht aber nichts; der Fleißige bekommt, was er sich wünscht, im Überfluss.

Sprüche 13, 4 (HFA)

Ich kenne Kinder, die wollen immer mehr Taschengeld haben, sie sind aber nicht bereit, im Haushalt mitzuhelfen. Ich sehe Jugendliche, die wollen gerne Superstars sein, so wie die im Fernsehen. Aber den harten Preis des Übens, des Durchhaltens und der Arbeit wollen sie nicht zahlen. Es gibt auch erwachsene Faulpelze. Ohne Fleiß kommen alle nicht weiter. Das war damals schon so, und ist bis heute gültig. Fleißig sein lohnt sich in jeder Hinsicht.

J.F.

10. April

Gott sprach: „Die Erde lasse frisches Grün aufsprießen, Pflanzen und Bäume von jeder Art, die Samen und samenhaltige Früchte tragen!" So geschah es: Die Erde brachte frisches Grün hervor, Pflanzen jeder Art mit ihren Samen und alle Arten von Bäumen mit samenhaltigen Früchten. Und Gott sah das alles an: Es war gut.

1. Mose 1, 11+12 (GN)

So langsam sollte man es doch wissen. Nach dem Winter kommt der Frühling! Und trotzdem – es ist jedes Jahr ein Wunder. Noch vor wenigen Wochen standen die Bäume da wie tot, knorrig und ohne Leben. Das Gras wirkte farblos, im Wald herrschte eine kalte Stille. Doch dann kommt das große Erwachen und mit ihm ein großes Staunen über Gottes wundervolle Schöpfung. Die Sonne lockt die Blumen aus der Erde, Blüten und Blätter zeigen sich in frischen Farben. Tiere und Menschen leben auf. Der Frühling ist ein prächtiges Gemälde aus Gottes Werkstatt. Wie verschwenderisch, phantasievoll und kreativ zeigt sich Gott in diesen Tagen!

Gebet: Herr, wie wunderschön hast Du alles gemacht. Wir entdecken in der Natur Deine Größe und Herrlichkeit. Wir freuen uns an unserer Erde und loben Dich dafür! Amen.

C.E.

11. April

Denn seine Liebe zu uns ist stark und mächtig, und seine Treue hört niemals auf! Halleluja!

Psalm 117, 2 (HFA)

Weiter als der Himmel,
tiefer als das Meer,
bunter als die Schöpfung
um mich her.
Höher als die Berge,
heller als der Tag,
Vater deine Liebe ist so stark!

Deine Liebe ist weiter,
deine Liebe ist tiefer,
deine Liebe ist bunter,
deine Liebe ist so stark.

Deine Liebe ist höher,
deine Liebe ist heller,
deine Liebe ist schöner,
deine Liebe ist so stark.

(Daniel Kallauch aus der CD „Du bist der Vater", © cap-music, 72221 Haiterbach-Beihingen)

12. April

Als Maria sich umdrehte, sah sie Jesus vor sich stehen. Aber sie erkannte ihn nicht. „Warum weinst du?" fragte er sie, „und wen suchst du?" Maria hielt Jesus für den Gärtner und fragte deshalb: „Hast du ihn weggenommen? Dann sage mir doch, wohin du ihn gebracht hast. Ich will ihn holen." „Maria!" sagte Jesus nun. Da fuhr sie zusammen und erkannte ihn.

Johannes 20, 14-16 (HFA)

Manchmal ist Jesus ganz nah, aber du erkennst ihn nicht. Du bist verzweifelt, du weinst und du denkst: Warum ist Jesus so weit weg? Warum bin ich mit meinem Leid alleine? So muss sich Maria aus Magdala gefühlt haben am Ostermorgen. Sie hatte bemerkt, dass Jesus nicht mehr in dem Grab lag. Dann geschieht das Unfassbare. Aus Leid wird Freude! Aus Blindheit wird Erkenntnis! Als er ihren Namen nennt, erkennt sie, dass der auferstandene Jesus schon die ganze Zeit bei ihr ist. Sie hatte es nur nicht bemerkt.

J.F.

---

13. April

Wasche von mir ab meine Sünden, und ich werde ganz rein werden; wasche mich, und ich werde weißer sein als Schnee. Gib mir meine Freude zurück und lass mich wieder fröhlich werden,

Psalm 51, 9+10 (NLB)

Als Teenager habe ich sehr viel gestohlen, dadurch wurde ich sehr unglücklich. An einem bestimmten Tag habe ich gemerkt, dass dies ja nicht richtig ist. Dann habe ich zu Jesus gebetet, so ähnlich wie in dem Bibeltext oben. Ich habe es erlebt, wie Jesus mir alle meine Schuld vergeben hat und ich wurde richtig fröhlich!

S.B.

---

14. April

Jesus verkündet: „Ich habe euch nicht meine Gedanken weitergegeben; sondern der Vater, der mich gesandt hat, sagte mir, was ich reden und verkündigen soll. Und das ist gewiss: Sein Wort führt euch zum ewigen Leben. Deshalb gebe ich euch alles so weiter, wie ich es vom Vater weiß.“

Johannes 12, 49+50 (HFA)

Alles, was uns Gott sagt, soll uns eine Hilfe sein. Er meint es völlig gut mit uns und will, dass wir das ewige Leben haben. Wir hören täglich so viele Dinge. Mal sind sie laut, mal leise, und vieles davon lenkt uns von dem ab, was wichtig ist. Hast du Zeit, auf Jesus zu hören? Nimm dir doch einmal 5 Minuten Zeit, ganz still zu sein. Frage Jesus: „Was willst du mir heute sagen? Ich höre dir jetzt zu.“

F.B.

15. April

Ich bin der gute Hirt. Ein guter Hirt ist bereit, für seine Schafe zu sterben.

Johannes 10, 11 (GN)

Ich bin kein Schaf. Aber wenn ich eins wäre, dann wollte ich gern zu einem Hirten gehören, von dem ich wüsste, dass er es gut mit mir meint. Wenn ein Wolf mich bedrohen würde, oder eine andere Gefahr, sollte er für mich kämpfen, um mich zu retten. Auch wenn er dabei sein Leben selbst in Gefahr brächte.

Jesus ist so ein Hirte. Er hat mich vor der größten Gefahr meines Lebens beschützt: einmal für immer von Gott getrennt zu sein. Um mich davor zu retten, hat er sogar mit seinem Leben bezahlt.

Jesus, vielen Dank, dass du das für mich getan hast.

H.V.

16. April

Herr, hilf deinem Volk! Segne uns, denn wir gehören zu dir. Führe uns wie ein Hirte und sorge allezeit für uns!

Psalm 28, 9 (HFA)

Verbinde dir die Augen und lasse dich von jemandem aus deiner Familie führen. Denke dabei daran: So führt Gott dich, wenn du nicht siehst, wie es weitergeht. Vertraue auf ihn. Er kennt den Weg und weiß, was dir gut tut.

Gebet: Du nimmst mich an der Hand, Jesus und zeigst mir den Weg. Du nimmst mich in den Arm und sagst: „Zusammen schaffen wir das schon!“ Du nimmst mir alle Angst und schenkst mir dein Herz. Jesus, danke schön!

P.M.

17. April

Seid glücklich, dass ihr zu ihm, dem heiligen Gott, gehört! Ja, alle, die nach dem Herrn fragen, sollen sich freuen! Fragt nach dem Herrn und rechnet mit seiner Macht, wendet euch immer wieder an ihn!

Psalm 105, 3+4 (HFA)

Wenn deine Lieblingsmannschaft Deutscher Meister wird, dann freust du dich total und bist stolz darauf, dazuzugehören. Die Fans laufen in den Vereinsfarben herum und singen Lieder. Im heutigen Vers werden wir aufgefordert, uns...

1. zu freuen, dass wir zu Gott gehören und
2. mit seinem Eingreifen zu rechnen und ihn nach seiner Meinung zu fragen, egal was wir gerade machen!

Es ist toll, zu Gottes Fanclub zu gehören, denn im Gegensatz zu Fußballstars will er nicht nur unsere Bewunderung, sondern er ist jederzeit bereit, uns zu helfen!

M.S.

18. April

Alle Menschen auf der Welt sind vor Gott schuldig. Denn kein Mensch wird jemals vor Gott damit bestehen, dass er die Gebote so erfüllt, wie das Gesetz es erfordert. Die Aufgabe des Gesetzes ist es, dass wir die Sünde erkennen.

Römer 3, 19b+20 (HFA)

Autounfall auf einer Kreuzung. Der Schuldige ist schnell gefunden – denn er ist bei Rot einfach weitergefahren. Laut Gesetz ist das verboten und das weiß der Autofahrer eigentlich auch, aber es war noch so früh am Morgen und er hat einfach nicht richtig aufgepasst. Da wir Menschen es nicht schaffen können, alle Gesetze, die Gott uns gegeben hat, immer einzuhalten, werden wir immer wieder vor ihm schuldig. Die gute Nachricht: Jesus ist für alle Schuld gestorben. Jeder, der ihm vertraut, wird freigesprochen, auch wenn er immer wieder mal Mist baut.

D.K.

19. April

„Sag nicht: Ich bin zu jung! Zu allen Menschen, zu denen ich dich sende, sollst du gehen und ihnen alles verkündigen, was ich dir sagen werde."

Jeremia 1, 7 (HFA)

„... dazu bist du noch zu jung!" oder „Werde erst mal ein bisschen größer!" Schon mal gehört oder gesagt? In vielen Situationen mag das auch stimmen. Es ist einfach zu deiner eigenen Sicherheit, dass du zum Beispiel mit zehn Jahren noch nicht alleine Auto fahren darfst. Aber für manche Dinge bist du nicht zu jung, nämlich wenn es darum geht, anderen von Gottes großer Liebe weiterzusagen. Dazu bist du nie zu jung, aber auch nie zu alt.

S.W.

20. April

In Kapernaum angekommen, gingen Jesus und seine Jünger in das Haus, in dem sie wohnen wollten. Jesus fragte sie: „Worüber habt ihr unterwegs gesprochen?" Sie schwiegen, denn sie hatten darüber geredet, wer von ihnen wohl der Wichtigste sei. Da setzte er sich hin, rief die zwölf Jünger zu sich und sagte zu ihnen: „Wenn jemand der Erste sein will, muss er den letzten Platz einnehmen und allen dienen."

Markus 9, 33-35 (NLB)

Früher, als ich noch jünger war, hat man mir mal gesagt: "Der Weg nach oben führt nach unten!" Das habe ich damals nicht verstanden. Ich wollte immer hoch hinaus und hatte große Ziele. Inzwischen habe ich festgestellt, dass gerade dann, wenn ich unten bin und es mir nicht so gut geht, Gott mir ganz nahe ist. Ich muss keine Leistung bringen, um in die Nähe Gottes zu kommen. Für Jesus bin ich immer wichtig, egal was ich tue und wie ich mich fühle.

F.B.

21. April

In den vierzig Tagen nach seiner Kreuzigung erschien er den Aposteln immer wieder und bewies ihnen auf vielfältige Weise, dass er wirklich lebt. Und er sprach mit ihnen über das Reich Gottes.

Apostelgeschichte 1, 3 (NLB)

Viele Menschen sagen, dass Jesus zwar gelebt hat, jedoch nach seiner Kreuzigung nicht auferstanden ist. Ist die Auferstehung eine Lüge? An vielen Stellen in der Bibel wird davon erzählt, wie Jesus nach seiner Kreuzigung verschiedenen Menschen begegnet ist. Paulus redet einmal davon, dass es über 500 Menschen waren, die Jesus nach seinem Tod begegnet sind (1. Kor. 15). Können wir Jesus auch heute begegnen, oder ist das ein Hirngespinst?

Jesus möchte mit uns leben. Wir können ihn täglich erleben. Das geschieht, indem wir mit ihm reden, die Bibel lesen oder kleine und große Wunder erleben. Wir spüren dann, dass Jesus durch den Heiligen Geist in uns lebt.

M.H.

22. April

Seid nicht bekümmert; denn die Freude am Herrn ist eure Stärke!

Nehemia 8, 10b (LUT84)

Oft bleiben wir mit unseren Gedanken an dem hängen, was nicht so gut gelaufen ist. Dieser Kummer füllt dann unser ganzes Herz aus. Wenn wir unsere Sorgen Gott sagen, erfahren wir, wie in unserem Herzen Platz wird. Platz für die Freude. Und wann immer die Freude an Gott dein Herz ausfüllt, macht dich das mutig und stark. Du kannst dann Dinge anpacken, die du dir alleine nicht zutrauen würdest, weil du weißt, dass Gott mit dabei ist.

S.V.

23. April

Wer aber dem Herrn treu bleibt, wird sich über ihn freuen und bei ihm sicher sein. Ja, jeder, der von Herzen aufrichtig ist, darf sich glücklich schätzen!

Psalm 64, 11 (HFA)

David hätte dies sicher nicht geschrieben, wenn er nicht aus eigener Erfahrung wüsste, dass es manchmal ganz schön schwer ist, Gott treu zu sein. Wie schnell ist man in Versuchung, es mit der Wahrheit nicht ganz so genau zu nehmen oder etwas mitzunehmen, ohne dass es einem gehört. Manchmal reden Leute auch Dummes über Gott. Traue ich mich dann zu sagen, dass ich Gott lieb habe, weil er mich lieb hat oder nicht? David will uns dazu ermutigen, Gott in allen Dingen treu zu sein. Freude und Glück und Sicherheit sind unsere Belohnung.

K.H.

24. April

Unsere irdischen Körper sterben und verwesen, doch bei der Auferstehung werden sie unvergänglich sein und nicht mehr sterben. Jetzt sind unsere Körper nicht perfekt, aber wenn sie auferstehen werden, werden sie voller Herrlichkeit sein. Jetzt sind sie schwach, dann aber voller Kraft. Jetzt sind es natürliche menschliche Körper, aber wenn sie auferstehen, werden es geistliche Körper sein.

1. Korinther 15, 42b-44a (NLB)

Wow! Ich bin begeistert! Wir werden nach der Auferstehung Körper haben, vollkommen und schön, voller Gesundheit, voller Kraft – himmlische Körper! Wir werden einander erkennen und doch ganz anders sein. Wir werden in einem Körper voller Herrlichkeit wohnen! Wie groß und allmächtig ist unser Gott! Ich freue mich auf den Himmel.

B.Min.

25. April

Höre auf die Weisheit und versuche sie mit dem Herzen zu verstehen. Bitte um Verstand und Einsicht, und suche sie, wie du nach Silber suchen oder nach verborgenen Schätzen forschen würdest. Dann wirst du verstehen, was es heißt, den Herrn zu achten, und wirst die Erkenntnis Gottes gewinnen. Denn der Herr schenkt Weisheit! Aus seinem Mund kommen Erkenntnis und Einsicht.

Sprüche 2, 2-6 (NLB)

Kann die Weisheit denn sprechen? Nein, natürlich nicht, denn die Weisheit ist ja keine Person. Aber trotzdem können wir auf sie hören. Wir hören ja auch auf andere Dinge. Zum Beispiel hören wir auf unsere schlechte Laune, wenn wir anfangen, wegen Kleinigkeiten zu streiten. Oder wir hören auf unseren Stolz, wenn wir beleidigt sind. Wir können auch auf unsere Habgier hören, wenn wir alles tun, um uns bestimmte Dinge zu leisten.

Wenn wir Gott lieben und ihm gehorchen wollen, rät uns Salomo hier, sollten wir nicht auf solche Stimmen hören, sondern auf die Weisheit. Und er erklärt auch, wie das geht.

Erstens: Interessiere dich für kluge, richtige und wertvolle Entscheidungen.

Zweitens: Suche, grüble, forsche danach wie nach einem Schatz und lebe nicht nur so, wie du dich gerade fühlst.

Und drittens: Höre auf Gott. Er will dir Weisheit schenken.

S.E.

26. April

Die Unterdrückten finden beim Herrn Zuflucht. In schweren Zeiten beschützt er sie.

Psalm 9, 10 (NLB)

Gebet: Danke, lieber Vater, dass du der beste Beschützer bist, den es überhaupt geben kann. Danke, dass ich mich zu dir flüchten kann, wenn ich Angst habe. Und wenn andere Menschen mich schlecht behandeln, weiß ich, du achtest und schätzt mich und tröstest mich. Danke, dass du auf mich aufpasst und ich bei dir sicher bin. Danke, dass in deinen Armen der sicherste Ort ist, den es überhaupt geben kann. Und danke, dass da für mich immer ein Platz frei ist. Amen.

B.B.

27. April

Gott, jetzt habe ich neuen Mut gefasst, voller Vertrauen blicke ich in die Zukunft. Darum will ich singen und dir danken, Herr. Fasse neuen Mut, mein Herz! Wach auf! Harfe und Zither, wacht auf! Ich will den neuen Tag mit meinem Lied begrüßen. Herr, ich will dir danken vor den Völkern, vor allen Menschen will ich dir singen. Groß ist deine Güte! Sie reicht bis an den Himmel! Und wohin die Wolken auch ziehen: überall ist deine Treue!

Psalm 57, 8-11 (HFA)

„Fasse neuen Mut, mein Herz" – manchmal muss man so mit seinem Herzen sprechen. Auch der König David hat das immer wieder gemacht – „Lobe den Herrn, meine Seele" hat er gesagt – vielleicht war seine Seele gerade traurig oder sogar zu faul, um Gott zu loben – also musste sich auch David manchmal selbst zum Loben auffordern. Er wusste, es ist richtig, das zu tun, auch wenn er sich nicht immer so fühlte. Dann erinnerte er sich an die Größe und Treue Gottes, der immer und überall Wunder tun kann und uns überall segnen und behüten kann. Also, auf mein Herz, fasse Mut, steh auf und lobe den Herrn – machst du mit?

A.Kn.

---

28. April

Wenn jemand nicht von neuem geboren wird, kann er das Reich Gottes nicht sehen.

Johannes 3, 3 (NGÜ)

Gott liebt uns von ganzem Herzen. Er hat uns gemacht. Wir sind ein Teil von ihm. Deshalb ist es sein sehnlichster Wunsch, dass wir seine Kinder werden. Wenn wir ihm unser Leben anvertrauen und ihn bitten, in unser Herz zu kommen, dann werden wir in Gottes Familie hineingeboren.

M.M.

---

29. April

Die ersten Christen beteten: „Herr, höre ihre Drohungen! Hilf allen, die an dich glauben, deine Botschaft ohne Angst weiterzusagen. Zeige deine Macht! Lass Heilungen und Wunder geschehen durch den Namen deines heiligen Sohnes Jesus!" Als sie gebetet hatten, bebte das Haus, in dem sie zusammengekommen waren. Sie wurden alle mit dem Heiligen Geist erfüllt und predigten das Wort Gottes furchtlos und unerschrocken.

Apostelgeschichte 4, 29-31 (HFA)

Damals war es für Christen gefährlich, von Jesus zu sprechen. Einige ihrer Leiter und Pastoren waren im Gefängnis gelandet oder sogar umgebracht worden. Das Gebet kam also aus tiefstem Herzen. Dann wackelten die Wände, alle wurden mit der Kraft Gottes neu erfüllt und bekamen wieder Mut, trotzdem von Jesus zu erzählen.

Auch wir dürfen Gott heute um Mut bitten, unseren Glauben zu bekennen. Vielleicht bebt nicht gleich das Haus – aber der Geist Gottes kommt auf jeden Fall und macht uns mutig.

D.K.

---

30. April

Als Erster wurde Christus vom Tod auferweckt. Wenn er wiederkommt, werden die auferweckt, die zu ihm gehören.

1. Korinther 15, 23 (GN)

Hast du schon einmal gehört, dass Jesus eines Tages wiederkommen wird? Alle Menschen werden dann merken, dass er der Sohn Gottes und der Herr der Erde ist. Wenn er kommt, werden auch die Menschen, die schon lange tot sind, aber an Jesus glaubten, wieder auferstehen. Ihre Körper sind zwar längst zerfallen, aber auch sie werden dann hören, wie Jesus kommt und werden mit einem neuen Körper dabei sein, wenn die Herrlichkeit von Jesus für alle Welt sichtbar wird. Was wird das für ein Staunen geben!

A.K.

1. Mai

Der Stein, den die Bauleute wegwarfen, weil sie ihn für unbrauchbar hielten, ist zum Grundstein des ganzen Hauses geworden! Was keiner für möglich gehalten hat, das tut Gott vor unseren Augen!

Psalm 118, 22+23 (HFA)

Kennst du das: Was auf den ersten Blick gar nicht so toll schien, stellte sich als das Beste heraus, was einem passieren konnte. Von Jesus heißt es, dass er zuerst von allen verachtet war. Niemand konnte sich vorstellen, dass er die Rettung für unsere ganze Welt sein würde. Und jetzt? Jetzt wissen viele auf der Welt, dass er die einzige Hoffung für uns Menschen ist. Was denkst du?

F.B.

2. Mai

Weil Jesus so viele heilte, drängten sich alle, die ein Leiden hatten, an ihn heran, um ihn zu berühren.

Markus 3, 10 (NGÜ)

Nur den Saum deines Gewandes
einen Augenblick berühren,
und die Kraft, die von dir ausgeht,
tief in meinem Innern spüren.
Nur ein Blick aus deinen Augen,
nur ein Wort aus deinem Mund
und die Heilungsströme fließen,
meine Seele wird gesund.

Jesus berühre mich,
hole mich ab, öffne die Tür für mich.
Nimm mich an deine Hand,
entführe mich in deine Gegenwart.
Jesus, ich spüre dich,
strecke mich aus nach dir, berühre dich,
und mein Herz brennt von neuem
nur für dich, in deiner Gegenwart.

3. Mai

Wer Gutes sagt und tut, dem wird es gut ergehen. Denn der Mensch bekommt, was er verdient.

Sprüche 12, 14 (HFA)

Wir denken oft, wer lügt, steht besser da; wer schummelt, gewinnt und wer am lautesten schreit, bekommt das größte Stück Torte. Aber Gott sagt: Wenn du Gutes tust, dann wird es dir gut gehen! Doch oft gelingt uns das nicht. Wie leicht rutschen uns patzige, unüberlegte und verletzende Worte aus dem Mund, die mir und anderen nicht gut tun.

Viel schwerer fällt es uns, andere zu loben und ihnen zu helfen. Doch genau das gefällt Gott und er wird es belohnen. Das sind doch gute Aussichten – für dich und für die anderen!

S.W.

---

4. Mai

Lass dich nicht einschüchtern, wenn einer steinreich wird und sein Haus immer prachtvoller ausstattet! Nichts kann er davon mitnehmen, wenn er stirbt; was er angehäuft hat, folgt ihm nicht ins Grab.

Psalm 49, 17+18 (HFA)

Geld und Wohlstand scheinen oft ungerecht verteilt zu sein. Auch zu der Zeit, als die Psalmen geschrieben wurden, war das ein großes Problem. Wieso belohnt Gott nicht die, die ihn lieb haben, mit ganz handfesten und sichtbaren Gütern? Warum straft er nicht die Menschen, die ohne ihn leben und nur an sich denken, mit Armut?

Erinnere dich daran, was wirklich wichtig im Leben ist. Das tut auch unser Dichter, der diesen Psalm geschrieben hat. Denn eines ist klar – damals wie heute. Was nützt der ganze Reichtum, was nützen dir die neuesten Markenschuhe, der LCD Fernseher – vor Gott zählt, dass wir ihn lieb haben. Das ist echter Reichtum, der uns bis in den Tod und darüber hinaus begleitet.

C.E.

5. Mai

Bei dir suche ich Zuflucht, wenn das Unheil hereinbricht.
Jeremia 17, 17 (HFA)

„Unheil" – das kann ganz verschieden aussehen: Krankheit, Gefahr, Zerbrechen von Freundschaften oder der Verlust eines Arbeitsplatzes. In allen Dingen will Gott mein Schutz sein. Auch wenn schlechte Gedanken oder Umstände über mich bestimmen wollen, dann finde ich bei Gott meine Zuflucht. In solchen Momenten entscheide ich mich ganz bewusst, in Gottes Nähe zu kommen. Dann bin ich mir sicher: Ich bin ganz in Gottes Hand und er wird mich beschützen.

S.B.

6. Mai

Der Vater liebt den Sohn und hat ihm alle Macht gegeben. Wer an den Sohn Gottes glaubt, der hat das ewige Leben.
Johannes 3, 35+36a (HFA)

Vorletztes Weihnachten, genau am Heiligen Abend, ist mein Opa Ernst gestorben. Meine Oma sagte: „Jetzt feiert Opa bei Jesus Weihnachten".

Weil Opa Ernst ein Freund von Gott war, darf er jetzt nach seinem Tod bei Gott und bei Jesus sein. Dieses Zusammensein bezeichnet man als das ewige Leben – und das ist etwas ganz Besonderes und Schönes. Wer weiß, dass er das ewige Leben hat, der braucht sich vor dem Tod nicht mehr zu fürchten.

W.D.

7. Mai

Wer mit Christus lebt, wird ein neuer Mensch. Er ist nicht mehr derselbe, denn sein altes Leben ist vorbei. Ein neues Leben hat begonnen!

2. Korinther 5, 17 (NLB)

Weißt du, wie ein Schmetterling entsteht? Das ist ein richtiges Wunder: Eine kriechende, pelzige Raupe verwandelt sich in einen wunderschönen fliegenden Schmetterling.

Wenn ein Mensch beginnt, an Gott zu glauben und mit ihm zu leben, wird er auch von ihm verwandelt. Etwas ganz Neues entsteht. Der Unterschied zum Schmetterling besteht darin, dass man sich nicht äußerlich verändert, sondern innen drin. Gott lässt Liebe wachsen, gute Gedanken, Hilfsbereitschaft, Sich-beherrschen-können oder Geduld. Fällt dir noch mehr ein?

J.F.

---

8. Mai

Er ist der Herr, unser Gott! Auf der ganzen Welt hat er das letzte Wort. Niemals vergisst er seinen Bund mit uns, sein Versprechen, das er gab. Es gilt auch allen Generationen nach uns, selbst wenn es tausend sind.

Psalm 105, 7+8 (HFA)

Es ist faszinierend, wie wir heute durch Internet und Email über die ganze Welt vernetzt sind. An einem Tag bekam ich einmal zwei Emails mit einer Anfrage, ob ich nicht ein Lied mailen könne. Die eine Mail kam aus Südamerikas Urwald, die andere Anfrage aus Papua-Neuguinea. Beide erhielten ihre Wunschlieder noch in den nächsten Minuten.

Da wurde mir bewusst: Gott ist ein Herr auf der ganzen Welt. In diesem Moment hört er Millionen Gebete. Er ist anwesend in Hauskreisen, Kleingruppen, Gebetszellen und bei verfolgten Menschen. Er steht am Sterbebett in Dänemark, Sambia und Australien um zu trösten. An allen Tagen, auf der ganzen Welt – auch bei uns.

M.H.

9. Mai

Du hast mich sicher aus dem Mutterleib geholt und mich gelehrt, dir zu vertrauen, als ich noch ein kleines Kind war. Seit meiner Geburt bist du mein einziger Halt und mein Gott seit Beginn meines Lebens.

Psalm 22, 10 (NLB)

Ich war bei den Geburten von jedem meiner vier Kinder dabei und habe zugeschaut und mitgefiebert. Jedes Mal habe ich darüber gestaunt, wie die Süßen es schaffen, gesund und wohlbehalten auf der Erde anzukommen. Es ist so eng, sie bekommen kaum Luft, woher wissen sie, wie man sich drehen muss, um aus Mamas Bauch rauszukommen?

David, der Dichter dieses Psalms, staunt noch als erwachsener Mann über das Wunder der Geburt und dankt Gott dafür, dass er den Kindern dabei hilft. Und David singt davon, dass Gott seit damals immer weiter für ihn gesorgt hat und er ihm auch als alter Mann noch vertrauen kann wie als Kind. Das will ich auch! Ich will mich auch allein auf Gott verlassen und sonst auf nichts.

S.E.

10. Mai

David betete: „Gott, mein Herr, wer bin ich, dass du gerade mich und meine Familie so weit gebracht hast? Ich bin es nicht wert."

2. Samuel 7, 18 (HFA)

David war noch ziemlich jung, als Gott ihn zu einer großen Aufgabe berief. Er kam auch nicht aus einer berühmten oder wichtigen Familie. Trotzdem wollte Gott, dass gerade David der neue König von Israel sein sollte.

In einem Lied heißt es „Gott braucht nicht nur große Leute, nein, er braucht auch mich." Darum kannst du sagen: „Herr, nimm mich heute und gebrauche mich." Gott sucht sich nicht nur die Großen und Mächtigen aus, nein, er braucht auch Leute wie David, dich und mich.

M.D.

11. Mai

Heile du mich, Herr, dann werde ich geheilt, hilf mir, dann ist mir geholfen! Ich preise dich allein!

Jeremia 17, 14 (HFA)

Wir Menschen sind oft so vergesslich, wenn es darum geht, uns an das Gute, das Gott uns getan hat, zu erinnern. Überleg doch mal: Wann hat dir Gott geholfen? Wann hat er dich geheilt, als du krank warst? Wie oft hat er dich behütet, dass nichts Schlimmeres passiert ist?

Vielleicht geht es dir wie mir und du merkst etwas und beginnst zu beten: „So oft, Herr, hast du mir geholfen, sogar mein Gebet erhört! Ich danke dir. Und ich vertraue dir, dass du es wieder tust! Ich preise dich, du bist wirklich einmalig gut!"

K.H.

12. Mai

Immer wenn du mit mir sprachst, nahm ich deine Worte mit großem Verlangen auf. Ja, dein Wort ist meine Freude und mein Glück, denn ich gehöre dir, Herr, allmächtiger Gott.

Jeremia 15, 16 (HFA)

Könnt ihr euch vorstellen, dass die Bibel spannender ist als ein Abenteuerbuch und ihr gar nicht mehr aufhören wollt, darin zu lesen? Lest euch doch mal eine wirklich spannende Geschichte gegenseitig laut vor, zum Beispiel Simson in Richter 13 bis 16 oder das Markusevangelium am Stück, das dauert 2 ½ Stunden. Wenn es dabei draußen nass und kalt ist und drinnen, bei einer Tasse Kakao, warm und gemütlich, dann ist es noch schöner. Vielleicht geht es dir dann auch so wie Jeremia und du saugst die Worte Gottes in dein Herz auf.

E.H.

13. Mai

Die Worte eines gedankenlosen Schwätzers verletzen wie Messerstiche; was ein weiser Mensch sagt, heilt und belebt.

Sprüche 12, 18 (HFA)

Sabine ist traurig! Es waren doch nur ein paar Worte in einer witzigen und fröhlichen Situation – und jetzt ist ihre Freundin verletzt und traurig! Sabine hatte zuerst geredet und dann nachgedacht. Das tat der Freundin wirklich weh! Worte können verletzen oder heilen, sie können niederdrücken oder beleben.

Gebet: Herr, lenke unsere Worte und hilft uns, dass wir nicht gedankenlos anderen wehtun!

A.J.

---

14. Mai

Bleibt nicht Gottes Feinde! Nehmt die Versöhnung an, die Gott euch anbietet!

2. Korinther 5, 20b (GN)

Die Bibel sagt uns, dass alle Menschen seit dem Sündenfall zunächst mal Gottes Feinde sind. Alle sind fern von Gott und können nicht in seiner Nähe sein. Das ist sehr traurig. Viele Menschen versuchen, durch gute Werke oder durch spirituelle Übungen wie zum Beispiel Yoga wieder mit Gott in Verbindung zu kommen. So wird man aber nicht Gottes Freund.

Gott selber bietet uns Versöhnung an und reicht uns seine Hand. Wir können mit Gott versöhnt werden, wenn wir an Jesus glauben und anerkennen, dass er für uns gestorben ist.

A.K.

15. Mai

Es gibt viele Wohnungen im Haus meines Vaters, und ich gehe voraus, um euch einen Platz vorzubereiten. Wenn dann alles bereit ist, werde ich kommen und euch holen, damit ihr immer bei mir seid, dort, wo ich bin.

Johannes 14, 2+3 (NLB)

Gott sieht nicht nur das, was schon früher in deinem Leben war, er sieht dich nicht nur heute, sondern er denkt schon an deine Zukunft. Er hat gute Gedanken über dich. Er will dich dahin führen, wo er selber ist – in das Haus seines Vaters. Er bereitet für dich dort schon alles vor. Wie diese Wohnung wohl aussieht? Ich glaube, wir werden aus dem Staunen nicht mehr herauskommen. Aber das Beste ist, er wird mit in diesem Haus wohnen. Da zu sein, wo Jesus ist, das ist doch das Allerschönste.

A.Kn.

16. Mai

Sei mir ein sicheres Zuhause, wohin ich jederzeit kommen kann! Du hast doch zugesagt, mir zu helfen; du bist mein Fels und meine Burg!

Psalm 71, 3 (GN)

Jesus, dir kann ich vertrauen. Auf dich kann ich mich verlassen. Du stehst zu mir, auch wenn alle gegen mich sind. Du bist mein Freund und deine Tür steht mir immer offen. Das ist jedes Mal wie nach anstrengender Arbeit oder einer langen Reise nach Hause zu kommen. Ich weiß dann: Hier gehöre ich hin. Bei dir finde ich Ruhe, bei dir kann ich auftanken.

T.K.

17. Mai

Aus jetziger Sicht ist uns vieles noch total unklar, wir verstehen Sachen nicht, fast so, als wären wir benebelt. Aber irgendwann werden wir Gott deutlich vor uns sehen und dann wird uns vieles klar werden. Was ich bis jetzt verstanden habe, ist unvollständig, dann aber werde ich den totalen Durchblick haben, so wie Gott jetzt schon über mich den totalen Durchblick hat.

1. Korinther 13, 12 (VB)

Drei Blinde betasteten einen Elefanten. Der eine befühlte den Schwanz und stellte fest, dass ein Elefant dünn und beweglich ist. Der andere betastete die Ohren und stellte fest, wie weich und wackelig ein Elefant ist. Der dritte betastete die Zähne und kam zu der Erkenntnis, dass ein Elefant hart und spitz ist. Wer hatte Recht?

So geht es uns manchmal mit Gott. Wir kennen noch nicht alle Seiten von ihm, weil wir ihn nicht direkt sehen, aber eines Tages werden wir ihn sehen und dann wird alles klar.

S.L.

18. Mai

Auf dein Wort habe ich meine Hoffnung gesetzt. Lass mich darum nicht schweigen, wenn ich deine Treue rühmen soll!

Psalm 119, 43 (HFA)

„Reden ist Silber, Schweigen ist Gold“ sagt ein Sprichwort. Und eigentlich ist auch die Bibel voll von Warnungen vor unserer Redseligkeit. Es gibt aber etwas, das wir nicht oft genug betonen können: dass Gott der Größte ist, dass seine Treue nie aufhört und dass er ein lebendiges Interesse an jedem Menschen hat.

Gebet: Jesus, bitte schenke doch, dass wir heute mit allem, was wir sprechen, deutlich machen, dass du treu und verlässlich bist. Das geht nur gut, wenn du selbst durch uns sprichst! Amen.

A.Lr.

19. Mai

Du allein bist der Herr. Du hast den Himmel gemacht, das Firmament und die Sterne, die Erde und alles, was auf ihr lebt und das Meer und alles, was darin ist. Du hast ihnen allen das Leben geschenkt und die himmlischen Heerscharen beten dich an.

Nehemia 9, 6 (NLB)

Es gibt so viel zu bestaunen. Wenn man ein Blatt gegen das Licht hält und sich all die feinen Adern anguckt, wenn die Sonne durch die Wolken bricht, wenn man sich klitzekleine Wassertiere unter dem Mikroskop ansieht! Unsere Welt ist unglaublich vielfältig und wunderbar. Wie großartig und genial ist Gott, der alles erdacht und erschaffen hat. Worüber staunst du am meisten?

Gebet: Gott, wir wollen dir danken und dich loben für deine großartigen Werke überall um uns herum! Amen.

B.L.

20. Mai

Unser Herr Jesus Christus aber und Gott, unser Vater, der uns seine Liebe geschenkt und in seiner Barmherzigkeit einen Trost und eine Hoffnung gegeben hat, die niemals aufhören und auch den Tod überdauern werden, er ermutige euch und gebe euch Kraft, Christus in Wort und Tat zu bekennen.

2. Thessalonicher 2, 16+17 (HFA)

Jeden Tag meines Lebens bin ich dein Kind
und du mein Vater – mein Vater.
Jeden Tag meines Lebens darf ich deine Liebe erfahren.
Jeden Tag meines Lebens bin ich dein Kind
und du mein Vater – mein Vater.
Jeden Tag meines Lebens willst du mir Gutes tun.
Ich seh' dich an und alles andere wird ganz klein.
Ich seh' dich an und du mich.
Ich seh' dich an und ich weiß, ich will bei dir sein.

(Daniel Kallauch aus der CD „Du bist der Vater", © cap-music, 72221 Haiterbach-Beihingen)

21. Mai

Wir wissen, dass denen, die Gott lieben, alle Dinge zum Besten dienen.

Römer 8, 28 (LUT84)

Paulus musste wegen seines Glaubens an Jesus viel leiden. Man hat ihn ins Gefängnis geworfen, er ist geschlagen worden und wurde in Rom umgebracht. Aber Paulus war immer der festen Überzeugung, dass alles, was passierte, ihm zum Guten, ja sogar zum Besten diente. „Es kommt immer etwas Gutes dabei heraus", hätte er vielleicht gesagt, „auch wenn es zunächst ziemlich übel ausschaut."

Darum möchte ich mich in schwierigen Situationen an Paulus orientieren und mich daran erinnern, dass der Vater im Himmel es immer gut mit mir meint.

B.M.-Sch.

22. Mai

Denkt nur nicht, ihr wärt aus eigener Kraft und Anstrengung reich geworden. Denkt vielmehr daran, dass es der Herr, euer Gott, ist, der euch die Kraft gibt, Reichtum zu erwerben.

5. Mose 8, 17+18 (NLB)

Wir sind so unglaublich reich! Wir haben unsere Familie, die uns liebt, Freunde, mit denen wir lachen können und die Gemeinde, von der wir lernen. Wir können lachen vor Freude und Glück und werden getröstet, wenn wir weinen. Wir essen und trinken ohne Sorgen darüber, ob noch genug für den nächsten Tag da ist. Gott beschenkt uns so unglaublich! Er schenkt uns auch jeden Tag aufs Neue die Kraft, mit Problemen fertig zu werden.

Was liegt heute vor dir? Eine Prüfung, ein schwieriges Gespräch, ein großer Berg voll unerledigter Arbeit? Lege es in Gottes starke Hände, denn es liegt an ihm, was daraus wird.

M.N.

23. Mai

Es ist noch nie jemand in den Himmel hinaufgestiegen; der einzige, der dort war, ist der, der aus dem Himmel herabgekommen ist – der Menschensohn.

Johannes 3, 13 (NGÜ)

Jesus hat die Pracht des Himmels verlassen, um uns entgegenzukommen. Weil noch niemand den Weg zu ihm gefunden hatte, kam er, um uns den Weg zu zeigen. Jesus kennt nicht nur den Weg zum ewigen Leben in Gottes Herrlichkeit, er ist der einzige Weg zu Gott. Wenn wir also Jesus kennen und ihm vertrauen, dann kennen wir den Weg in den Himmel.

G.P.

24. Mai

Die Mädchen tanzen im Reigen, die jungen Männer und die Alten feiern miteinander. Denn ich verwandle ihre Trauer in Freude, ich tröste sie und schenke ihnen Glück nach all ihrem Leid.

Jeremia 31, 13 (HFA)

Schon seit acht Spieltagen hat die Mannschaft nicht mehr gewonnen. Große Trauer. Doch dann hüpft das ganze Stadion, als im Pokalspiel der Topfavorit besiegt wird. Junge und Alte feiern und springen, tanzen und singen. Es ist ein tolles Gefühl, im Fußballstadion mitzujubeln.

Ich wünschte mir, dass es unter Christen auch manchmal so fröhlich zugeht. Schließlich sagen alle, dass Gott eine unvergleichlich größere Freude schenkt. In Israel haben sie jedenfalls ausgelassen gefeiert und Gott bejubelt.

S.R.

25. Mai

Ihr fragt euch vielleicht: Woher wissen wir, ob jemand im Auftrag des Herrn spricht? Nun, wenn ein Prophet im Namen des Herrn etwas ankündigt und es trifft nicht ein, dann waren seine Worte nicht vom Herrn. Er hat eigenmächtig geredet und ihr braucht ihn nicht ernst zu nehmen.

5. Mose 18, 21+22 (HFA)

Mose hatte das Volk Israel lange geleitet und geführt, aber er sollte bald sterben. Die sorgenvolle und berechtigte Frage der Israeliten war: Wie wird Gott zu uns sprechen und wie erkennen wir es? Eine knifflige Frage auch für uns: Woran erkennen wir, dass Gott durch einen Menschen heute redet?

Das, was er sagt, darf der Bibel nicht widersprechen.

Der Mensch lebt mit Gott und innerhalb von Gottes Geboten.

Gebet: Gott hilf uns, deine Stimme im Alltag zu hören und zu gehorchen!

C.Sche.

26. Mai

Der Hohe Priester und seine Begleiter, die Sadduzäer, wurden von Neid erfüllt. Sie ließen die Apostel verhaften und ins Gefängnis werfen. Doch in der Nacht kam ein Engel des Herrn, öffnete die Gefängnistore und führte sie hinaus. Dann sagte er zu ihnen: „Geht in den Tempel und verkündet den Menschen die Botschaft des Lebens!“ Daraufhin gingen die Apostel bei Tagesanbruch in den Tempel und begannen zu lehren.

Apostelgeschichte 5, 17-20 (NLB)

Niemand kann Gott aufhalten. Die Priester und ihre Anhänger glaubten, die Situation kontrollieren zu können. Aber das war ein Trugschluss! Damit Menschen von Jesus hören können, setzt Gott alle Hebel in Bewegung und Naturgesetze außer Kraft. Aber er braucht dazu auch Menschen, die gehorsam und mutig sind. Oder wärst du vom Gefängnis schnurstracks wieder in den Tempel gerannt?

Gottes Part sind die Wunder, unser der Gehorsam!

M.S.

---

27. Mai

Glücklich ist, wer dem Herrn in Ehrfurcht begegnet und sich über seine Gebote freut! Bei einem solchen Menschen sind Reichtum und Wohlstand zu Hause. Unerschütterlich und treu hält er zu Gott. Selbst in dunklen Stunden leuchtet ihm ein Licht, er ist voll Erbarmen, großmütig und gerecht.

Psalm 112, 1+3+4 (HFA)

Wann warst du zum letzten Mal so richtig glücklich? Beim Öffnen der Geschenke an deinem Geburtstag? Als deine Fußballmannschaft in letzter Minute doch noch gewonnen hat? Nach deinem ersten Sprung vom 5-m-Brett? Bestimmt erinnerst du dich, wie sich das anfühlte.

Wenn wir uns an Gottes Gebote halten und seine Nähe suchen, will er uns glücklich machen. Das heißt auch, er will uns Gelingen schenken, ohne dass wir dafür etwas leisten müssen. Vielleicht werden heute einige Menschen durch dein glückliches Herz von Gottes Liebe angesteckt.

S.V.

---

28. Mai

Wo warst du, als ich das Fundament der Erde legte? Sag es doch, wenn du so viel weißt! Wer hat ihre Maße festgelegt und wer die Messschnur über sie gespannt? Damals sangen alle Morgensterne und die Engel jubelten vor Freude.

Hiob 38, 4+7 (HFA)

Wenn ich an einem steilen Küstenabhang stehe, das unendlich weite Meer vor mir und die riesigen Küstenfelsen um mich herum betrachte, dann ahne ich etwas davon, wie groß Gott ist. Gott hat alles das gemacht. Die riesige Welt, alle Sterne am Him-

mel, alles, was ich sehen kann. Niemand hat Gott dabei geholfen oder ihm geraten, wie er es gut machen könnte. Gott ist so groß. Ihm ist nichts unmöglich.

Und gleichzeitig ist dieser mächtige Gott ganz nah bei mir. Ihn interessieren auch mein „Problemchen“: die viel zu schwere Mathearbeit, der Streit in der Familie, mein blauer Fleck am Schienbein. Der große Gott kümmert sich um mich. Das find ich klasse.

H.V.

---

29. Mai

Manche sind freigebig und werden dabei immer reicher, andere sind geizig und werden arm dabei.

Sprüche 11, 24 (HFA)

Großzügig zu sein, bedeutet nicht nur, dass man mit seinem Geld freigiebig ist. Hast du schon mal jemanden angelächelt und festgestellt, dass diese Person dann zurückgelächelt hat? Wenn nicht, dann versuche es heute einmal.

Es gibt so viele Dinge, die man weitergeben kann und die kein Geld kosten: Zeit zum Zuhören, Zeit, jemandem zu helfen, Geduld und Aufmerksamkeit, ein ermutigendes Wort oder vielleicht die Aussage „ich verstehe dich“. Überlege, was du heute neben einem Lächeln noch weitergeben kannst. Du wirst feststellen, dass davon etwas zurückkommt. So wird man reich!

F.B.

30. Mai

Alle, die den Herrn ernst nehmen, zieht er ins Vertrauen und enthüllt ihnen das Geheimnis seines Bundes.

Psalm 25, 14 (GN)

Es ist schön, ein gutes Geheimnis zu kennen. Wenn dir jemand etwas erzählt, das nicht jeder wissen soll, zeigt er dir sein Vertrauen. Das verbindet euch.

Gott will uns das größte und beste Geheimnis erklären, das es für uns Menschen gibt. Und dadurch verbindet er sich mit uns:

Es gibt durch unser schlechtes Tun und Denken einen großen Graben zwischen Gott und uns Menschen. Diesen Graben kann kein Mensch von sich aus überwinden. Aber Gott hat eine Brükke gebaut, damit wir als seine Kinder wieder zu ihm kommen können. Diese Brücke ist Jesus.

Gott wünscht sich sehr, dass wir den Weg über Jesus zu ihm finden und gehen. Das lässt er jeden verstehen, der ihn ernst nimmt und an ihn glaubt.

B.B.

31. Mai

Wie kann ich meine Sünde erkennen, die ich begehe? Vergib mir diese verborgene Schuld! Herr, lass dir die Worte meines Mundes und die Gedanken meines Herzens gefallen! Herr, mein Fels und mein Erlöser.

Psalm 19, 13+15 (NLB)

Gesagtes kann auch Sünde sein. Worte aus meinem Mund können schnell zu Waffen werden und andere verletzen. Manchmal tut das mehr weh, als gekniffen oder gehauen zu werden. Deshalb sollen wir uns sehr gut überlegen, was wir sagen.

Wenn wir freundlich sind oder anderen durch unsere Worte helfen und sie ermutigen, dann gefällt das Gott.

W.D.

1. Juni

Herr, zeige mir immer wieder, wie sehr du mich liebst, und hilf mir, wie du es versprochen hast! Dann kann ich denen die passende Antwort geben, die mich jetzt noch verachten. Ich vertraue darauf, dass du Wort hältst.

Psalm 119, 41+42 (HFA)

Dieser lange Psalm (176 Verse!) ist eine einzige Liebeserklärung an Gott und seine Gebote.

Gottes Liebe zu uns ist unendlich groß. Wenn wir das begreifen, ist es gar nicht mehr so schwer, seine Gebote zu befolgen. Wenn wir verstehen, dass Gott nur das Beste für uns will, sind wir nicht länger misstrauisch und kritisch. Ich muss nicht mehr nur an mich denken, ich muss nicht mehr lügen, ich muss nicht mehr gemein sein. Das alles bringt nur Not und Kummer.

Wenn Gottes Liebe mein Herz erfüllt, werden die Menschen um mich herum es merken. Das macht selbst die, die Gott nicht kennen, sprachlos. Sie werden sehen: Der Herrscher der Welt ist mein Freund und hält zu mir.

C.E.

2. Juni

Ich setze meine ganze Hoffnung auf den Herrn; voller Sehnsucht warte ich darauf, dass er zu mir spricht. Ja, ich warte auf den Herrn, mehr als die Wächter auf den Morgen!

Psalm 130, 5+6 (HFA)

Wusstest du, dass das Wort Hoffnung von dem alten deutschen Wort „hopen“ kommt? Hopen bedeutet „hüpfen“ oder auch „vor Erwartung unruhig springen“ und „herumzappeln“. Genau das meint David hier, wenn er von der Sehnsucht spricht, mit der er darauf wartet, dass Gott zu ihm spricht. Diese Sehnsucht ist sogar noch größer als die Ungeduld, mit der ein Wachmann auf den Sonnenaufgang wartet!

B.J.

3. Juni

Höre meine Stimme am Morgen, Herr. Früh am Morgen trage ich dir meine Bitten vor und warte voller Ungeduld
Psalm 5, 4 (NLB)

David, der Psalmdichter und König scheint ein Frühaufsteher gewesen zu sein. Was war ihm denn so wichtig, dass er so früh auf den Beinen war? Er wollte mit Gott reden. Bevor die Arbeit und die Geschäfte eines Königs beginnen, schüttet David sein Herz bei Gott aus. Das machen viele Christen auch heute noch so. Die erste Zeit des Tages gehört Gott. In dieser Zeit kann man mit ihm über alles reden, was noch kommt: die Schule, die Firma, schwere Aufgaben, aber auch Dinge, auf die man sich freut. Danach geht man vorbereitet in den Tag.

J.F.

4. Juni

Als ich vor Angst gelähmt nicht mehr weiterwusste, hast du mir den rettenden Ausweg gezeigt. So hilf mir auch jetzt und erhöre mein Gebet!
Psalm 4, 2b (HFA)

Angst kann einen Menschen richtig erstarren lassen. Plötzlich geht gar nichts mehr. Der große Berg der Sorgen wirft seine kalten Schatten auf unser Leben. Wir frieren und würden uns am liebsten unter der Bettdecke verkriechen. Da gibt es nur eine durchgreifende Lösung: das Gebet. Plötzlich werden die großen Berge zu den Hügeln, die sie in Wahrheit sind. Die Realität Gottes kommt wie die Morgensonne in unser Leben.

Ich kann wieder sehen: Gott ist Herr und Gott – nicht die Sorgen, die mir den Angstschweiß auf die Stirn treiben. So kann ich mit ruhigen Gefühlen in den Tag gehen.

M.H.

5. Juni

Nur unerfahrene Menschen glauben alles, was man ihnen erzählt! Die Klugen aber bedenken jeden ihrer Schritte.
Sprüche 14, 15 (NLB)

Natürlich möchte ich lieber zu den Klugen gehören. Du auch? Zum Glück habe ich meinen besten und klügsten und nettesten Freund auf meiner Seite: Jesus. Mit ihm kann ich über alle Dinge reden, und wenn ich ihn darum bitte, hilft er mir zu verstehen und zu entscheiden, ob das, was man mir erzählt, wahr ist, oder nicht.
K.H.

---

6. Juni

Alles, aber auch wirklich alles ist von ihm, dem Schöpfer, ausgegangen, besteht durch ihn, und er wird alles vollenden. Ihm gehören Lob und Ehre in alle Ewigkeit. Amen.
Römer 11, 36 (HFA)

Gebet: Lieber Schöpfer, ich begreife so vieles nicht in dieser Welt. Doch ich habe das Vertrauen, dass du es weißt und die Welt in deiner Hand hältst. Da, wo ich anfange zu zweifeln und nicht weiterweiß, habe ich die große Hoffnung, dass du mich trägst. Du wirst alles gut machen. Danke, Amen.
E.H.

---

7. Juni

Herr, deine Güte reicht bis an den Himmel und deine Treue, so weit die Wolken ziehen! Deine Gerechtigkeit ragt hoch wie die ewigen Berge, deine Urteile gründen tief wie das Meer. Du, Herr, hilfst Menschen und Tieren.
Psalm 36, 6+7 (GN)

Beobachte einmal an einem windigen Tag den Himmel. Am Anfang kann man die Wolken noch ganz gut beobachten, aber irgendwann entschwinden sie unseren Blicken. Das bedeutet aber nicht, dass sie nicht mehr da wären – wir können sie nur nicht mehr sehen.

Genauso ist es mit der Treue Gottes. Er hält zu uns – ob wir das sehen oder nicht. Er meint es gut mit uns – ob wir das glauben können oder nicht. Er ist gerecht – ob wir das alle verstehen oder nicht. Eins steht fest: Gott ist treu und hilft uns richtig gerne.

A.J.

---

8. Juni

Ich segne jeden, der mir ganz und gar vertraut. Er ist wie ein Baum, der nah am Bach steht und seine Wurzeln zum Wasser streckt: Die Hitze fürchtet er nicht, denn seine Blätter bleiben grün. Auch wenn ein trockenes Jahr kommt, sorgt er sich nicht, sondern trägt Jahr für Jahr Frucht.

Jeremia 17, 7+8 (HFA)

Als ich klein war, hatte ich einen Lieblingsbaum. Er war riesig und herrlich zum Klettern geeignet. Oft habe ich mich in seinen Schatten gesetzt und geträumt oder mit meinem Bruder gespielt. Der Baum stand mitten auf einer sehr feuchten Wiese. Wir hatten immer nasse Schuhe, wenn wir dort ankamen. Wer Gott vertraut, ist wie solch ein Baum, der in Saft und Kraft steht. Wenn man Gott vertraut und mit ihm verbunden ist, dann überlebt man auch schwierige Zeiten. Wichtig ist, dass wir täglich unsere Wurzeln nach ihm ausstrecken.

A.K.

---

9. Juni

Jesus blickte zum Himmel auf und sagte: „Vater, ich danke dir, dass du mich erhört hast. Ich weiß, dass du mich immer erhörst, doch ich sage es wegen der vielen Menschen, die hier stehen, damit sie glauben können, dass du mich gesandt hast." Dann rief er mit lauter Stimme: „Lazarus, komm heraus!" Und Lazarus kam heraus.

Johannes 11, 41-44a (NLB)

Das war schon sehr besonders, wie eng Jesus mit Gott verbunden war. Er hat immer gewusst, was sein Vater im Himmel tun wollte. Die beiden haben immer zusammengearbeitet. An einer anderen Stelle sagte Jesus sogar, dass er nur das tut, was er den Vater tun sieht.

Als Jesus vor dem Grab von seinem Freund Lazarus stand, wusste er genau, was Gott hier Großartiges tun würde. Deshalb sagte er mutig: „Lazarus, komm raus!" Und das Wunder geschah: Der tote Lazarus wurde lebendig.

Gebet: Vater, ich möchte auch so eng mit dir verbunden sein, dass ich mutig für Großes beten kann. Amen.

A.Kn.

---

10. Juni

Vertraue von ganzem Herzen auf den Herrn und verlass dich nicht auf deinen Verstand. Denke an ihn, was immer du tust, dann wird er dir den richtigen Weg zeigen.

Sprüche 3, 5+6 (NLB)

Den ganzen Tag verlangen die Menschen um mich herum von mir, dass ich meinen Verstand gebrauchen soll. Möchte Gott nicht, dass ich nachdenke? Soll ich nicht meinen Kopf benutzen? Klar soll ich das, sonst hätte er ihn mir ja nicht gegeben.

Wenn es aber darum geht, welchen Weg ich mit Gott gehen soll, dann hilft mir das, was mir mein eigener Verstand dazu sagt, nicht immer weiter. Gott hat den Überblick über mein Leben und weiß viel besser, was gut für mich ist. Er weiß auch, dass Dinge möglich sind, die mein Verstand für unmöglich hält. Deshalb soll ich ihn bei den Entscheidungen, die ich treffe, immer nach seiner Meinung fragen und mich dann auf seinen Rat verlassen.

A.Ko.

11. Juni

Schaut nach vorne, denn ich will etwas Neues tun! Es hat schon begonnen, habt ihr es noch nicht gemerkt?

Jesaja 43, 19 (HFA)

Bei Gott gibt es keine hoffnungslosen Fälle. Er hat immer Ideen und neue Möglichkeiten. Er kann aus Nichts etwas Wunderschönes machen. Darum sagt Jesaja: „Schaut nach vorne!" Gott ist schon längst dabei, etwas Neues vorzubereiten. Gott geht voran.

Frage: Erkennst du, was Gott in deinem Leben oder in eurer Familie tut?

Tauscht euch miteinander aus über etwas, das noch nicht da ist, aber das Gott in der Zukunft machen möchte. Seht ihr schon einen Anfang?

S.L.

12. Juni

So schuf Gott die Menschen nach seinem Bild, als Gottes Ebenbild schuf er sie und schuf sie als Mann und als Frau.

1. Mose 1, 26 (GN)

Kaum einen Bibelvers finde ich ermutigender. Gott, der Schöpfer dieser Welt, der alles erdacht und erfunden hat, der weise und kreativ, sanftmütig und heilsam für andere ist, der hat mich zu seinem Ebenbild gemacht. Wenn nur ein ganz kleiner Teil seines Wesens in mir schlummert, was habe ich für Möglichkeiten! Wie könnte ich die Erde verändern und gestalten! Ich darf „kreativ" sein, weil Gott der „Kreator", das heißt, der „Schöpfer" ist.

Wie willst du heute kreativ werden? (Das bedeutet ja nicht nur, dass du den Malkasten rausholen musst...)

B.L.

13. Juni

Die größte Liebe beweist der, der sein Leben für die Freunde hingibt.

Johannes 15, 13 (NLB)

Gebet: Herr Jesus, danke dafür, dass du uns liebst und wir deine Freunde sein dürfen. Du kümmerst dich um uns und bist immer für uns da. Du sprichst persönlich mit uns. Du versprichst uns, unser bester Freund zu sein. Das hast du besonders gezeigt, als du dein Leben für uns gegeben hast und für uns gestorben bist. Jesus, unser Freund, wir lieben dich! Amen.

G.L.

---

14. Juni

Was Gott sich vorgenommen hat, das tut er; seine Pläne sind gültig für alle Zeit.

Psalm 33, 11 (HFA)

Es gibt Baupläne, Stadtpläne oder Urlaubspläne. Sogar Gott hat Pläne! In der Bibel kannst du seinen Plan für dein Leben nachlesen, für alle Menschen, für Israel und die Nationen dieser Welt. Wenn wir in der Bibel lesen und glauben, was er gesagt hat, dann können wir erleben, dass er absolut treu und zuverlässig ist und wir uns auf sein Wort felsenfest verlassen können. Lest mal Jesaja 7,14 und findet heraus, ob Gott da seinen Plan schon erfüllt hat.

B. Ma.

---

15. Juni

Gott gibt dem Einsamen ein Zuhause; er befreit die Gefangenen und schenkt ihnen Freude.

Psalm 68, 7 (NLB)

Hier ist dein Zuhause
hier bist du daheim,
da brauchst du nicht zu fragen,
denn hier ist alles dein.
Hier ist dein Zuhause,
hier bist du daheim,
die Tür steht immer offen,
komm rein! Komm rein! Komm rein!
Denn alles, was mein ist, das ist auch deines!

(Daniel Kallauch aus der CD „Du bist der Vater“, © cap-music, 72221 Haiterbach-Beihingen)

16. Juni

Ich allein weiß, was ich mit euch vorhabe: Ich, der Herr, werde euch Frieden schenken und euch aus dem Leid befreien. Ich gebe euch wieder Zukunft und Hoffnung.

Jeremia 29, 11 (HFA)

Gebet: Vater, ich danke dir dafür, dass du uns deine Pläne und Gedanken mitteilst. Du meinst es wirklich gut mit uns. Wenn du an uns denkst, dann denkst du in Liebe an uns und du wünschst deinen Kindern Gutes, Frieden und Hoffnung. Mit dir zusammen kann ich mutig in die Zukunft gehen: in diesen neuen Tag, die neue Woche oder den neuen Monat. Amen.

B.M.-Sch.

17. Juni

Probiert es aus und erlebt selbst, wie gut der Herr ist! Glücklich ist, wer bei ihm Zuflucht sucht!

Psalm 34, 9 (HFA)

An der Käsetheke gibt es heute leckere Pröbchen der neuen Käsesorte. Am Saftstand und bei der Wurstfrau darf man ebenso probieren. Mein Friseur schenkt mir eine Duftprobe des neuen Duftwassers, und zu Hause gibt's ein Probeabo der neuen Zeitschrift. Alle diese Dinge darf man ausprobieren und dann entscheiden, ob es gut für einen ist. Gott lädt uns auch ein, es mit ihm zu probieren und zu erleben, ob er wirklich gut ist. Das ist doch klasse, dass Gott uns nicht zwingt, egal ob wir wollen oder nicht. Er hat uns so lieb, dass er uns selber entscheiden lässt, ob wir mit ihm leben wollen.

S.R.

18. Juni

Unterwegs kamen Philippus und der Äthiopier an einem Gewässer vorbei, und der Hofbeamte meinte: „Sieh, da ist Wasser! Kann ich mich taufen lassen?" „Das kannst du", antwortete Philippus, „wenn du von ganzem Herzen glaubst." Und der Hofbeamte erwiderte: „ Ich glaube, dass Jesus Christus der Sohn Gottes ist." Er ließ den Wagen anhalten. Sie stiegen in das Wasser, und Philippus taufte ihn.

Apostelgeschichte 8, 36-38 (NLB)

Wenn nicht jetzt, wann dann? So dachte der Finanzminister aus Äthiopien. Er hatte eine lange, teilweise enttäuschende Suche nach Gott hinter sich. Jetzt hatte er durch die Erklärungen des Philippus vieles verstanden und wollte in die lebendige Beziehung zu Gott eintauchen, ein neues Leben mit Gott beginnen. Er ließ sich auf der Stelle taufen.

Die Beziehung zu Jesus kann jederzeit beginnen. Auch bei dir!

C.Sche.

---

19. Juni

Gott hat Christus, der ohne jede Sünde war, mit all unserer Schuld beladen und verurteilt, damit wir von dieser Schuld frei sind und Menschen werden, die Gott gefallen.

2. Korinther 5, 21 (HFA)

Vielen Kinder wird erzählt, dass Gott „ganz doll traurig" über sie ist, wenn sie lügen und stehlen und dass er wie ein Polizist alle ihre kleinen Sünden aufschreibt. Das ist Unsinn, denn die Sünde, die Gott eigentlich betrübt, ist, dass Menschen sagen: Ich will ohne Gott leben. Darum ist Jesus gekommen und für die Schuld aller Menschen gestorben. Wir brauchen ihn nur noch anzunehmen. So werden wir Menschen, an denen Gott Gefallen hat.

C.Schn.

20. Juni

Deine Liebe bedeutet mir mehr als das Leben, darum will ich dich preisen. Mein Leben lang will ich dir danken und dir meine Hände im Gebet entgegenstrecken.

Psalm 63, 4+5 (GN)

Dieses Lied ist ein richtiges Liebeslied. David will nur in Gottes Nähe sein, alles andere ist zweitrangig und unwichtig. Dabei ist er gerade auf der Flucht und es geht ihm gar nicht gut. Aber oft helfen uns Situationen, in denen es uns richtig schlecht geht und uns alles aus den Händen gleitet, um zu erkennen, dass Gottes Liebe wirklich das Einzige ist, was bleibt und trägt.

Gebet: Lieber Vater, lass deine Liebe für mich im Trubel des heutigen Tages das Wichtigste sein, wichtiger als das, was andere über uns denken, was wir uns wünschen und was wir von anderen erwarten. Amen.

M.S.

21. Juni

Der Heilige Geist hilft uns in unserer Schwäche. Denn wir wissen ja nicht einmal, worum oder wie wir beten sollen. Doch der Heilige Geist betet für uns mit einem Seufzen, das sich nicht in Worte fassen lässt.

Römer 8,26 (NLB)

Gebet: Danke, Herr, dass du mich so gut kennst und genau weißt, wie oft ich völlig hilflos nicht einmal die richtigen Worte beim Beten finde. Aber dein Geist, der in mir lebt, übernimmt dann das Reden mit dir, das sich nicht in Worte fassen lässt. Aber du verstehst es trotzdem! Amen.

B.J.

22. Juni

Was wir gehört und erfahren haben, was schon unsere Väter uns erzählten, das wollen wir auch unseren Kindern nicht verschweigen. Jede Generation soll von den mächtigen Taten Gottes hören, von allen Wundern, die er vollbracht hat. Er gab Israel sein Gesetz, gab den Nachkommen Jakobs seine Gebote. Unseren Vorfahren befahl er, sie ihren Kindern bekannt zu machen. So soll jede Generation seine Weisungen kennen lernen – alle Kinder, die noch geboren werden. Auch diese sollen sie ihren Nachkommen einprägen.

Psalm 78, 3-6 (HFA)

Es ist so wertvoll, wenn schon Kinder hören, wie sehr Jesus sie liebt. Sie schenken ihr Vertrauen Jesus und beginnen, mit ihm zu leben. Sie beten und Gott erhört sie. Ich kenne Eltern, die durch ihre Kinder zum ersten Mal seit vielen Jahren wieder in die Kirche gegangen sind, weil Jesus das Leben der Kinder so verändert hat. Wo kannst du einen Teil dazu beitragen, dass Kinder von Jesus hören? Eines, was du sicher machen kannst, ist regelmäßig für bestimmte Kinder zu beten, zum Beispiel für deine Freunde.

F.B.

23. Juni

Wer dazulernen möchte, lässt sich gern sagen, was er falsch macht. Wer es hasst, auf Fehler hingewiesen zu werden, ist dumm.

Sprüche 12, 1 (HFA)

Stell dir vor, ein Arzt will einem Kranken eine Spritze geben, aber es ist die falsche Medizin. Eine Krankenschwester bemerkt das und sagt es ihm. Es wäre doch dumm von dem Arzt, nicht auf sie zu hören. Und gefährlich wäre es noch dazu.

So ist es auch in unserem Leben: Fehler passieren. Das ist nicht immer schlimm. Es wäre aber dumm, wenn wir nicht auf

Menschen hören, die uns helfen wollen und können. Korrigiert zu werden fühlt sich oft nicht gut an. Aber es ist gut und hilfreich für unser Leben.

B.B./M.Kü.

---

24. Juni

Vom Aufgang der Sonne bis zu ihrem Niedergang sei gelobt der Name des Herrn.

Psalm 113, 3 (LUT84)

Vom Morgen bis zum Abend,
vom Sonnenauf- bis -untergang,
bei Tag und Nacht, mein Leben lang,
sei Gott, der Herr gelobt.
Vom ersten zarten Gelborange
zum letzten Purpurrot,
solang die Sonne weitergeht,
von Ost nach West,
von früh bis spät, bewundere ich dich, Gott!
Vom morgendlichen Hahnenschrei
zum Abendglockenklang –
solang das Licht die Luft durchquert
und man das Lied der Amsel hört,
gilt Gott mein Lobgesang!
Sein Name heißt: Ich bin bei euch,
am Ende, am Beginn.
Wir haben alle gleich viel Zeit
und jeden Tag Gelegenheit
zum Staunen über ihn!
So sagt's ein Tag dem anderen,
die Nächte flüstern still:
Die Güte Gottes hört nicht auf,
so wenig wie der Sonne Lauf,
wofür ich danken will!

25. Juni

Wenn du mit deinem Munde bekennst, dass Jesus der Herr ist, und in deinem Herzen glaubst, dass ihn Gott von den Toten auferweckt hat, so wirst du gerettet.

Römer 10, 9 (LUT84)

Ein Freund von mir war letztes Wochenende nach einem Jugendgottesdienst auf dem Nachhauseweg. Andere Jugendliche machten ihn blöd an und schließlich wurde er von ihnen verprügelt. Plötzlich fiel ihm ein, dass Jesus ihm helfen könnte. Er schrie (hörbar) den Namen „Jesus" in die Nacht. Verwundert ließen die Jugendlichen ihn sofort los und er war frei. Erstaunlich, nicht wahr?

Aber eigentlich ist es nicht so erstaunlich, wenn wir Römer 10,9 lesen. Der Name Jesu hat sogar die Kraft, unsere Schuld zu vergeben.

S.B.

---

26. Juni

Fürchte dich nicht vor ihnen, ich bin bei dir und werde dich beschützen. Darauf gebe ich, der Herr, dir mein Wort.

Jeremia 1, 8 (HFA)

Ein toller Vers, oder? Aber manchmal fällt es gar nicht so leicht, zu glauben, dass Gott bei uns ist. Ihn kann man ja nicht sehen. Puste einmal in deine Hände. Merkst du etwas? Du kannst die Luft nicht sehen und trotzdem würde nur ein dummer Mensch behaupten, es gäbe keine Luft. Genauso ist es mit Gott. Wir können ihn nicht sehen und trotzdem ist er immer da. Er hat uns fest versprochen, uns zu beschützen.

M.D.

27. Juni

Wir aber sind dein Volk, wir gehören zu dir wie Schafe zu ihrem Hirten. Allezeit wollen wir dich loben und jeder neuen Generation erzählen, wie groß du bist!

Psalm 79, 13 (HFA)

„Wir gehören zusammen", sagen sich zwei, die einander sehr lieb haben und meinen damit, dass nichts und niemand sie voneinander trennen kann.

Es ist so schön, zu wissen, dass man zu jemandem gehört!

Das Volk Israel hat es begriffen: Sie gehören zu Gott, sie können ohne ihn gar nicht existieren. Schafe sind auf ihren Hirten angewiesen. Er sorgt für sie. „Wir gehören zusammen", sagt Gott auch zu uns – weil er uns lieb hat und uns nichts und niemand von ihm trennen kann!

C.E.

28. Juni

Ohne Liebe geht gar nichts! Selbst wenn ich perfekt alle Sprachen, die es auf der Welt gibt, sprechen könnte, auch die Sprache der Engel, aber in all dem, was ich darin reden würde, wäre keine Liebe, dann wären meine Worte wie Müll, sie wären ohne Bedeutung, hohl und leer.

1. Korinther 13, 1 (VB)

Ohne Liebe geht gar nichts! Lass uns mal überlegen, was hier wirklich gesagt wird: Wenn ich ganz tolle Reden halten könnte – und das in jeder Sprache der Welt – oder wenn ich supergut erklären könnte und jeder sofort versteht, was ich meine oder wenn ich immer nur wahre Sachen sagte und niemals lügen würde – alles wäre nur wie Müll, wenn ich das nicht liebevoll täte. Toll reden, aber gehässig denken, toll argumentieren, aber dabei nur ans eigene Wohl denken. Toll erklären, aber dabei ein Angeber sein. Gott sagt: Dann redest du Müll!

Denke an die Bedürfnisse deiner Mitmenschen, dann redest du gut. Hilf jemandem durch dein Reden, dann hat es Bedeutung. Alles andere ist wie stinkender Müll.

S.E.

---

29. Juni

Vater der Waisen und Helfer der Witwen – das ist Gott, in seiner heiligen Wohnung.

Psalm 68, 6 (NLB)

Waisen und Witwen, Kinder ohne Eltern und Frauen ohne Ehemänner, sind Menschen, die besonders unter Einsamkeit leiden. Wer einsam ist, braucht Liebe und Zuwendung. Eine Umarmung, ein gutes langes Gespräch, gemeinsame Unternehmungen und viel Humor können helfen. Die tiefste innere Einsamkeit, die wie ein brennender Durst tief im Inneren von vielen Menschen ist, kann nur Gott selbst löschen. Gott lädt deswegen in eine Wohngemeinschaft mit ihm ein. Mit Gott unter einem Dach. Und plötzlich entsteht eine neue Familie. Du bist nicht mehr allein.

M.H.

---

30. Juni

Der Herr sagte zu Josua: „Kein Feind wird sich gegen dich behaupten können; denn ich werde dir dein Leben lang zur Seite stehen, genauso wie ich Mose zur Seite gestanden

habe. Niemals werde ich dir meine Hilfe entziehen, nie dich im Stich lassen. Sei mutig und entschlossen!"

Josua 1, 5 (GN)

„Ein Leben lang" – ist Gott direkt neben uns. Wir sind nie allein, keinen Tag, keine Stunde, keine Sekunde, keinen Augenblick!

„Niemals" – werden wir sagen können, Gott hätte uns nicht helfen wollen. Er zieht sich nie zurück, wenn er uns helfen kann.

„Nie" – können andere Menschen behaupten: Gott schaut nicht nach dir! Er hält immer zu uns.

Deshalb gilt für heute: „Sei mutig und entschlossen!"

A.J.

1. Juli

Wenn der Herr nicht das Haus baut, ist die Arbeit der Bauleute vergeblich. Wenn der Herr die Stadt nicht beschützt, ist es vergeblich, sie mit Wachen zu umgeben. Es ist vergeblich, vom frühen Morgen bis in die späte Nacht hart zu arbeiten, immer in Sorge, ob ihr genug zu essen habt, denn denen, die Gott lieben, gibt er es im Schlaf.

Psalm 127, 1+2 (NLB)

Arbeit ist meistens ziemlich anstrengend. Egal, ob man einen Aufsatz schreiben muss, über einem Computerproblem brütet oder die Wäsche einer 5-köpfigen Familie bewältigt.

Sagt unser Bibelvers, dass wir uns lieber aufs Ohr legen sollen und abwarten, dass Gott die Arbeit wie eine gute Fee für uns erledigt? Nein, das meinen diese Sätze nicht. Aber sie sagen uns, dass wir unsere Arbeit nicht mit Sorge und ohne Ausruhen tun sollen. Wenn wir Gott um seinen Segen für alles bitten, was wir tun, entspannt uns das und wir haben auch Zeit, genug zu schlafen.

A.K.

---

2. Juli

Du selbst bist die Quelle, die uns Leben schenkt. Deine Liebe ist die Sonne, von der wir leben.

Psalm 36, 10 (GN)

Bei einer Wanderung in den Bergen sind wir einmal auf eine Quelle gestoßen. Das war wunderbar erfrischend. Kaltes, klares Wasser. Wir hielten unsere heißen Hände unter das Wasser und benetzten Nacken und Gesicht. Die Sonne wärmte uns, die Quelle gab uns neue Kraft. Das sind schöne Bilder für Gottes Liebe und Zuwendung. Er gibt uns alles, was wir heute zum Leben brauchen.

D.K.

3. Juli

Ich preise den Herrn, denn er hilft mir, gute Entscheidungen zu treffen. Tag und Nacht sind meine Gedanken bei ihm.

Psalm 16, 7 (HFA)

Wie man eine Uhr oft wieder neu einstellen muss, genauso müssen wir uns auch immer wieder neu auf Jesus ausrichten. Gerade wenn man nicht genau weiß, was richtig ist. Dann ist es wichtig, Zeit mit Jesus zu verbringen, mit ihm zu reden, in der Bibel lesen oder zu ihm zu singen. Wenn wir das tun, dann können wir wieder besser Gottes leise Stimme in unserem Herzen hören und gute Entscheidungen treffen.

Gebet: Danke Jesus, dass du immer für uns da bist und uns zeigst, was richtig ist. Amen.

T.K.

4. Juli

Gott, der Herr, ist die Sonne, die uns Licht und Leben gibt, schützend steht er vor uns. Niemand ist so gut zu uns wie er, durch ihn gelangen wir zu hohem Ansehen. Wer ihm rückhaltlos ergeben ist, den lässt er nie zu kurz kommen. Herr, du Gott über Himmel und Erde! Glücklich ist jeder, der sich auf dich verlässt!

Psalm 84, 12+13 (HFA)

Menschen, die zu Gottes Volk gehören, sind reiche Leute. Sie haben das Wichtigste im Leben geschenkt bekommen. Sie haben Jesus, den größten Schatz.

Sie werden von Gott beschützt, sie haben Leben und Licht, sie kommen nie zu kurz und sind glücklich. Das kann man nicht mit allem Geld der Welt kaufen.

Jesus sagt, wir sollen zuerst das tun, was für Gott und seine Welt wichtig ist. Wenn wir uns als erstes darum kümmern, erfahren wir, dass er unser Leben reich macht.

A.Kn.

5. Juli

Der Tag und auch die Nacht gehören dir; du hast das Sternenlicht und die Sonne geschaffen. Du hast die Grenzen der Erde festgelegt und Sommer und Winter gemacht.
Psalm 74, 16+17 (NLB)

Gott ist der Schöpfer der Welt, er hat ihre Grenzen festgelegt. Er hat auch mich gemacht mit allem, was ich gut kann und dem, was mir schwer fällt.

Bei den Dingen, die heute auf mich zukommen, kann ich mir sicher sein, dass er weiß, wo ich seine Hilfe brauchen werde. Und noch etwas darf ich wissen: Meinem Gott, der so große Dinge, wie die Himmelslichter und die Jahreszeiten geschaffen hat, ist nichts zu schwer.

Es ist gut, so einen mächtigen Gott zu haben.

A.Ko.

6. Juli

Aller Augen sehen auf dich und warten auf Hilfe; du gibst ihnen Nahrung, wenn es nötig ist. Wenn du deine Hand öffnest, stillst du den Hunger und Durst aller Geschöpfe.
Psalm 145, 15+16 (NLB)

Gott öffnet seine Hand und daraus kommt alles, was Menschen brauchen. Er hat die Welt geschaffen und den Kreislauf der Natur. Er hat dafür gesorgt, dass wir genug haben und er freut sich, wenn wir auf ihn sehen und ihm danken oder ihn auch vertrauensvoll bitten.

Fragen: Warum hungern manche Menschen? Woran erkennst du, dass Gott für dich sorgt? Bist du dafür dankbar?
Wenn wir darüber nachdenken, stellen wir fest, dass es oft keine schnellen Antworten gibt. Weißt du, dass Gottes Erde genug Nahrung für alle Menschen bietet? Gott hat seine Hand geöffnet und uns reich beschenkt, wir dagegen halten oft fest, was er uns zum Weitergeben anvertraut hat.

S.L.

7. Juli

Gott nimmt jeden an, der zu ihm kommt, und erfüllt ihn durch seinen Heiligen Geist mit Frieden und Freude.

Römer 14,17b (HFA)

Hast du schon mal erlebt, dass du bei jemandem geklingelt hast und es wurde dir nicht aufgemacht?

So was kann dir bei Gott nicht passieren. Er macht immer auf. Er hat sogar ein Geschenk für dich. Er spricht mit dir und beendet allen Streit und schenkt dir wieder Freude, wenn du traurig bist. Gott will dich annehmen, wenn du zu ihm kommst. Jeder kann kommen, auch Leute, die wir schon längst aufgegeben hätten. Bei Gott ist jeder willkommen und alles ist möglich.

A.Lx.

8. Juli

Andreas, der Bruder von Simon Petrus, war einer der beiden Männer, die Jesus gefolgt waren, weil sie gehört hatten, was Johannes über ihn sagte. Sofort suchte er seinen Bruder Simon auf und erzählte ihm: „Wir haben den Messias gefunden". Dann nahm Andreas Simon mit zu Jesus.

Johannes 1, 40-42a (NLB)

Kurz vorher nennt Andreas Jesus noch Rabbi, das bedeutet Lehrer. Aber nachdem er einen Tag mit ihm verbracht hat, ist Andreas klar: Jesus ist mehr als ein Lehrer. Er ist der Messias! Er ist sein Retter, er ist Gott auf Erden, er ist der, auf den alle gewartet haben. Andreas kann das nicht für sich behalten, er holt seinen Bruder. Sie werden Jesus von nun an nicht mehr von der Seite weichen. Sie werden seine Jünger.

Wer ist Jesus? Wir können viel über ihn wissen. Doch wenn Gottes Geist uns berührt, dann sehen wir auf einmal mit dem Herzen: Er ist Herausforderung, Beistand, Freund und Vorbild für mich ganz persönlich. Wenn ich das erkenne, dann hält mich nichts mehr. Dann muss ich raus, nach seinem Vorbild leben und andere mit meiner Begeisterung anstecken!

B.L.

9. Juli

Dennoch bleibe ich stets an dir; denn du hältst mich bei meiner rechten Hand, du leitest mich nach deinem Rat und nimmst mich am Ende mit Ehren an.

Psalm 73, 23+24 (L84)

Manchmal gehen meine Gedanken in die völlig falsche Richtung. Ich weiß das eigentlich, komme aber trotzdem nicht aus diesem falschen Denken heraus. Das Einzige, was dann an richtigem Denken bleibt, ist das Wissen, dass Gott mich liebt und festhält.

Das Beste daran: Gott hält mich an meiner rechten Hand, das bedeutet – er hält mich mit seiner linken Hand, die ist am linken Arm und der kommt vom Herzen.

G.L.

10. Juli

Wer von Menschen geringschätzig behandelt, ja verachtet wird, wer bei ihnen nichts zählt, den will Gott für sich haben. Aber alles, worauf Menschen so großen Wert legen, das hat Gott für null und nichtig erklärt.

1. Korinther 1, 28 (HFA)

Bei Gott, da geht scheinbar alles anders herum! Das größte Haus, das schnellste Auto, die meisten Freunde, die besten Noten, den super Arbeitsplatz, viel Geld, das sind Dinge, die Gott uns zwar gönnt, aber die für ihn gar nicht wichtig sind.

Aber Kinder oder alte und schwache Menschen und solche, die verlacht, abgelehnt oder gehänselt werden, die will Gott lieben, segnen und stärken, auf die achtet er ganz besonders!
Bei Gott – da geht es genau anders herum!

B.Ma.

11. Juli

Aus Opfern und Gaben machst du dir nichts, Brandopfer und Sühneopfer verlangst du nicht von mir. Aber du hast mir Ohren gegeben, um auf dich zu hören! Darum sage ich: Mein Gott, ich bin bereit, zu tun, was du von mir erwartest, so wie es für mich aufgeschrieben ist im Buch des Gesetzes. Ich freue mich über dein Gesetz und trage es in meinem Herzen.

Psalm 40, 7-9 (GN)

Wie soll ich Gott hören, wenn tausend andere nach mir rufen? Wie kann ich sein Wort im Herzen haben, wenn tausend andere Wörter mein Herz zuschütten?

Versuche heute mal, unnütze Worte aus deinem Herzen zu fegen und Gottes Wort hineinzulassen. Ein Beispiel: Wie oft hörst du dumme Werbesendungen? Mach's doch mal nach dem Motto „Psalmen, statt Werbung!" – Dreh den Ton ab und bete. Lerne einen Psalm auswendig und lass ihn immer wieder in dein Herz: auf dem Schulweg, im Zug, bei der Hausarbeit...

P.M.

12. Juli

Wenn ihr verfolgt werdet, weil ihr zu Christus gehört, dann verflucht eure Verfolger nicht, sondern erbittet den Segen Gottes für sie.

Römer 12, 14 (NLB)

In vielen Teilen unserer Welt sitzen Christen auch heute für ihr Bekenntnis zu Jesus im Gefängnis. Das ist sehr traurig. Bei uns in Europa ist es anders, manchmal heimtückischer. Gerade in der Schule ist es oft schwer, Christ zu sein und zu Jesus zu stehen. Betet für eure Feinde, sagt Jesus, betet für die, die hinter eurem Rücken schlecht über euch reden, betet für die, die euch belächeln und Witze über euch machen, betet für die, die euch das Leben schwer machen mit ihrer Kritik. Und segnet sie.

B.Min.

13. Juli

Der Herr ist gut und gerecht. Darum führt er die auf den richtigen Weg zurück, die ihn verließen. Allen, die ihre Schuld eingestehen, zeigt er, wie sie leben sollen und was er von ihnen erwartet. In Liebe und Treue führt er alle, die sich an seinen Bund und seine Gebote halten.

Psalm 25, 8+9 (HFA)

Das kann ganz schwierig sein: Jemandem sagen, dass man Mist gebaut hat und um Vergebung bitten. Niemand von uns macht das gerne. Gott kann uns da helfen: Wenn wir ihn um Vergebung bitten, dann freut er sich darüber, denn er hat uns lieb und zeigt uns gerne einen Weg aus dieser schwierigen Situation. Er gibt uns einen guten Rat, wie wir besser handeln können, damit wir in Zukunft anderen nicht wehtun.

B.M.-Sch.

14. Juli

Nachdem Jesus seinen Jüngern die Füße gewaschen hatte, zog er seinen Umhang wieder an, setzte sich und fragte seine Jünger: „Versteht ihr, was ich eben getan habe? Ihr nennt mich Meister und Herr. Das ist auch richtig so, denn ich bin es. Wie ich, euer Meister und Herr, euch jetzt die Füße gewaschen habe, so sollt auch ihr euch gegenseitig die Füße waschen. Ich habe euch damit ein Beispiel gegeben, dem ihr folgen sollt. Handelt ebenso!"

Johannes 13, 12-15 (HFA)

Als Jesus seinen Jüngern die Füße wusch, wollte er ihnen sagen: „Ich liebe dich, du bist mir wichtig und ich diene dir. So sollt auch ihr miteinander umgehen: Helft euch gegenseitig, seid füreinander da, habt einander lieb, tut dem Anderen das unerwartet Gute!"

Das galt nicht nur für die Jünger damals, sondern es gilt heute für dich. Versuche es!

W.D.

15. Juli

Durch deine Liebe darf ich in dein Haus kommen.
Psalm 5, 8 (NLB)

Willkommen – hallo im Vaterhaus,
Kinder, kommt rein, ja, die Tür steht weit auf.
Willkommen – hallo im Vaterhaus,
schön, dass du da bist, fühl dich wie zu Haus.

Komm so wie du bist – ins Vaterhaus,
was bringst du heut mit – ins Vaterhaus?
Gottes Liebe ist hier, hell und warm,
der Vater wartet schon, nimmt dich in den Arm!

16. Juli

Während sie aßen, nahm Jesus einen Laib Brot und bat Gott um seinen Segen. Dann brach er es in Stücke und gab es den Jüngern mit den Worten: „Nehmt, denn das ist mein Leib.“ Dann nahm er einen Becher mit Wein und dankte Gott. Er reichte ihn den Jüngern, und sie tranken alle daraus. Und er sagte zu ihnen: „Das ist mein Blut, das für viele vergossen wird und den Bund zwischen Gott und den Menschen besiegelt.“
Markus 14, 22-24 (NLB)

Was mag wohl in den Köpfen der Jünger vorgegangen sein, als Jesus das ausgesprochen hatte? Sie wollten mit ihm das Passahfest feiern und er sprach von seinem Tod in rätselhaften Bildern!

Im Alten Testament wurden Tiere geschlachtet und für Gott verbrannt, weil die Menschen immer wieder schuldig wurden und Gott um Verzeihung bitten wollten. Jesus sagt hier, dass er das endgültige Opfer ist für alle Schuld und Sünden der Menschen. Bei ihm dürfen wir unsere Schuld immer wieder loswerden! Er hat ein für alle Mal dafür mit seinem Leben bezahlt!

G.P.

17. Juli

Gott, warum bist du so weit weg? Mein Gott, komm mir schnell zu Hilfe! Nie werde ich aufhören, auf dich zu hoffen – loben will ich dich, je länger, je mehr. Laut werde ich es sagen: Auf deine Zusagen ist Verlass! Jeden Tag will ich erzählen, wie du aus der Not befreist; du tust viel mehr, als ich aufzählen kann!

Psalm 71, 12+14+15 (HFA)

Gott ist nicht da – das ist oft der erste Gedanke, wenn es schwierig wird. Wie soll ich das durchstehen? Aber wenn ich mich dann wieder näher mit Gott befasse und an all das denke, was Gott schon für mich getan hat, dann muss ich feststellen: Gott hat mir schon so oft geholfen, ich habe überhaupt keinen Grund zu denken, Gott sei nicht da. Gott ist auch heute da. Egal, was passiert.

H.V.

18. Juli

Hilf mir, so zu leben, wie du es willst, denn du bist mein Gott! Führe mich durch deinen guten Geist! Dann werde ich erleben, wie du mir Hindernisse aus dem Weg räumst.

Psalm 143, 10 (HFA)

Nicht zur Rechten, nicht zur Linken,
Herr, bewahre mich auf deinem Weg.
Ich will nicht zur Seite weichen,
keinen Zentimeter, nicht ein Stück.
Immer hinter Jesus her – ganz nah – immer hinter Jesus her!
Kommen Stürme und Bedrängnis,
schauen meine Augen fest auf dich.
Du gibst Frieden, wenn ich Angst hab,
und ich weiß, du lässt mich nicht im Stich.
Immer hinter Jesus her – ganz nah – immer hinter Jesus her!

(Armin Knothe aus der CD „Es geht um Jesus", © Voices Verlag, Kerpen)

19. Juli

Überlass alle deine Sorgen dem Herrn! Er wird dich wieder aufrichten; niemals lässt er den scheitern, der treu zu ihm steht.

Psalm 55, 23 (HFA)

Gebet: Jesus, ich möchte mich dir heute anvertrauen. Du kennst mich und weißt alles, was mir heute Sorgen bereiten könnte. Ich will dir diese Sorgen geben und dir vertrauen. Danke, dass du dich um mich kümmerst. Du bist Gott, du verlässt mich nie, denn du bist treu! Danke, dass ich heute mit dir leben darf. Amen.

S.B.

20. Juli

Sorgen drücken einen Menschen nieder; ein gutes Wort richtet ihn auf.

Sprüche 12, 25 (GN)

„Es wird alles wieder gut! Das schaffst du schon!" Wenn Stress in der Schule, der Streit mit dem besten Freund oder ein verlorenes Fußballspiel uns verzweifeln lassen, sind solche Worte Balsam auf der Seele. Hier ist jemand, der fühlt mit mir. Der hat vielleicht keine Lösung für mein Problem, aber er steht an meiner Seite und hält zu mir.

Und anders herum? Bin ich jemand, der anderen Mut macht, wenn sie Kummer haben? Oder verdrücke ich mich schnell, wenn meinem Freund vor Sorgen die Tränen kommen? Dabei muss ich doch gar keine großen Worte machen. Die Hand auf der Schulter, ein lieber Blick und wenige Worte reichen manchmal schon aus.

C.E.

21. Juli

„Lasst euch durch nichts in eurem Glauben erschüttern!" sagte Jesus zu seinen Jüngern. „Vertraut auf Gott und vertraut auf mich."

Johannes 14, 1 (NGÜ)

Kannst du dir vorstellen, wodurch jemand in seinem Glauben erschüttert werden könnte? Was heißt das eigentlich? Glauben heißt Vertrauen. Und wenn ich nicht vertrauen kann, ist mein Glaube erschüttert. Jesus sagt seinen Jüngern hier: Ihr kennt mich doch. Ihr wisst, wer ich bin und habt erlebt, was ich für euch und andere getan habe. Seht nicht weg von mir und meinem Vater, sondern bleibt ganz nah an mir. Wer eine enge Beziehung zu Gott pflegt, der kommt nicht ins Wanken.

S.E.

---

22. Juli

Ich habe dich je und je geliebt, darum habe ich dich zu mir gezogen aus lauter Güte.

Jeremia 31, 3 (LUT84)

Was würdest du tun, wenn du jemanden unglaublich liebst, diese Person jedoch gerade 500 km entfernt im Krankenhaus liegt? Zuerst würdest du sicher einen langen Brief schreiben, Blumen oder ein Geschenk schicken, liebe Grüße ausrichten lassen und sagen: Es wäre so schön, wenn du wieder nach Hause kommen könntest. Schließlich würdest du dich auf die Reise machen und den Menschen ganz fest in die Arme schließen. Du würdest ihn an dich drücken und sagen: „Wie sehr habe ich dich vermisst!" Genau das tut Gott mit dir.

M.H.

23. Juli

Herr, wer darf in dein Heiligtum kommen und dich auf dem heiligen Berg anbeten? Ein Mensch, der keine Zinsen für verliehenes Geld fordert und sich nicht durch Bestechung dazu bewegen lässt, gegen Unschuldige auszusagen. Wer so handelt, steht für immer auf sicherem Grund.

Psalm 15, 1+5 (NLB)

Gott mag es nicht, wenn wir ungerecht sind. Er selbst ist gerecht und lässt sich nicht kaufen. Er fordert uns dazu auf, ebenfalls gerecht und fair zu sein, denn sonst passen wir nicht zu ihm.
Das erinnert mich an den Schiedsrichter beim Fußball oder Handball. Wir erwarten von ihm, dass er gerecht ist. Uns würde es ganz und gar nicht gefallen, wenn ein Schiedsrichter unfair pfeift und unserer Gegenmannschaft Vorteile verschafft, womöglich ein Tor gibt, weil ihm jemand ein besonderes Geschenk versprochen hat, wenn er das tut. Das wäre Bestechung. Würde dich das aufregen und ärgern? Ich würde bestimmt protestieren: Das ist ungerecht! Das ist nicht fair!

Gebet: Herr Jesus hilf mir, dass ich so sein kann wie du, dass ich es lerne, fair und gerecht mit meinen Mitmenschen zu sein.

K.H.

24. Juli

Kein anderer Gott ist dem Gott Israels gleich, dem Gott Jeschuruns*! In seiner Majestät fährt er über den Himmel, auf den Wolken eilt er dir zu Hilfe. Der ewige Gott ist deine Zuflucht, Israel, in seinen Armen fängt er dich auf.

* Jeschurun ist ein Kosename für Israel

5. Mose 33, 26+27 (GN)

Gebet: Unser Vater, mit wem können wir dich vergleichen? Keiner ist wie du! Du überblickst unsere Zukunft, auch wenn wir keine Ahnung haben, wie es weitergeht. Du hilfst uns, auch wenn wir keine Kraft mehr haben. Zu dir können wir flüchten, wenn wir uns nirgends mehr wohl fühlen. Du fängst uns auf, wenn andere uns fallenlassen. Danke, unser Vater. Es ist so gut, zu dir zu gehören! Amen.

A.J.

---

25. Juli

Ich bin der gute Hirt. Ich kenne meine Schafe und sie kennen mich, so wie der Vater mich kennt und ich ihn kenne.

Johannes 10, 14+15a (GN)

Mein Freund Andreas ist Landwirt. Er züchtet Rinder auf seinem Ökobauernhof. Er kennt jedes seiner Tiere genau: natürlich den Namen, aber auch seine Geschichte. Wann das Rindvieh geboren wurde, welche Eltern es hatte, was für Schwierigkeiten es gab und was er mit dem Tier vorhat. Die Rinder kennen auch Andreas. Wenn er in den Stall kommt, drehen sich alle Köpfe gleich zu ihm.

Für mich sehen die Tiere alle gleich aus (na ja, so ziemlich) und sie machen sich überhaupt nichts aus mir. Jesus vergleicht diese enge Beziehung, die Tiere und Menschen haben können, mit der Beziehung zu ihm. Wer zu ihm gehört, den kennt er sehr genau – und seine „Schäfchen" kennen auch ihn, den guten Hirten.

A.K.

26. Juli

Sei mir gnädig, Herr, zu dir rufe ich den ganzen Tag. Schenke mir wieder neue Freude, nach dir sehne ich mich.

Psalm 86, 3+4 (HFA)

Manchmal fühlt man sich total elend. Alles läuft schief. Es kommt einem so vor, als ob alle um einen herum gegen einen sind. Man kann sich über nichts mehr richtig freuen.

Doch es gibt eine Freude, die nicht davon abhängig ist, wie ich mich gerade fühle. Ich kann sie auch dann erleben, wenn ich in einer schwierigen Situation stecke.

Das klingt unglaublich, doch bei Gott ist es möglich.

Die Freude, die er uns schenkt und die er uns in unser Herz gibt, kann ich jeden Tag erleben, ganz gleich ob es ein guter Tag ist oder ein schlechter.

Sehnst du dich nach dieser Freude? Vergiss nicht, sie dir heute bei Gott abzuholen.

A.Ko.

27. Juli

Fürchte dich nicht, denn ich bin mit dir; hab keine Angst, denn ich bin dein Gott. Ich helfe dir, ja, ich mache dich stark, ja, ich halte dich mit meiner hilfreichen Rechten.

Jesaja 41, 10 (EÜ)

Heute habe ich eine Mama mit ihrer kleinen Tochter beobachtet. Das Mädchen sah neben sich einen Hund, fing an zu weinen und sagte immer wieder: „Angst, Angst“. Die Mama nahm ihre Tochter auf den Schoß, umarmte sie und sagte ihr: „Hey, alles okay. Der Hund tut dir nichts. Es ist alles okay. Ich bin ja bei dir.“

Das Mädchen beruhigte sich, kletterte vom Schoß der Mutter und spielte beruhigt weiter.

So wie bei der Mama und ihrer Tochter, so kann es auch zwischen dir und Gott sein. Du darfst immer und überall mit deiner Angst zu Gott kommen. Er ist da und er tröstet dich.

W.D.

28. Juli

Durch Jesus Christus seid ihr wirklich reich geworden, denn ihr habt sein Wort und könnt es verstehen. Die Botschaft von Christus hat euer Leben völlig verändert. Es fehlt euch keine der Gaben, die Gottes Geist den Glaubenden schenkt.

1. Korinther 1, 5-7 (HFA)

Gottes Wort kann man nicht erst dann verstehen, wenn man erwachsen ist und die Gaben des Geistes bekommen kann man auch nicht erst dann, wenn man 18 ist. Wenn du etwas in der Bibel liest oder vorgelesen bekommst, dann denke immer wieder darüber nach. Genauso, wie du immer wieder daran denken musst, wenn du etwas Aufregendes erlebt hast oder wenn dir jemand etwas Schönes versprochen hat. Dann kann Gott weiter mit dir reden. Du bist richtig reich, wenn du Gottes Kind bist!

G.L.

29. Juli

Herr, wenn ich nur dich habe, bedeuten Himmel und Erde mir nichts. Selbst wenn alle meine Kräfte schwinden und ich umkomme, so bist du doch, Gott, allezeit meine Stärke – ja, du bist alles, was ich habe!

Psalm 73, 25+26 (HFA)

Die Stärke, die Gott gibt, bedeutet viel mehr als menschliche Muskelkraft. Gott macht uns innerlich stark, er gibt Hoffnung, Freude, Trost und Liebe. Diese Dinge können uns nicht genommen werden, selbst dann nicht, wenn wir krank im Bett liegen und keine Kraft haben.

Frage: Kennst du einen Menschen, der äußerlich nicht viel leisten kann, aber innerlich eine starke Beziehung zu Gott hat? Kannst du dir vorstellen, dass Gott noch viel wichtiger ist als die Gesundheit?

S.L.

30. Juli

Meine Lippen und meine Seele, die du erlöst hast, sollen fröhlich sein und dir lobsingen.

Psalm 71, 23 (LUT84)

Fröhliche Lippen gibt es nicht alleine. Nur wenn die Seele fröhlich ist, kommen uns fröhliche Lieder oder Worte über die Lippen. Dabei denkt Psalm 71 weniger an lustige Witze, sondern an eine Freude, die von ganz tief innen aus unserem Herzen kommt. Gott zu loben, voller Dankbarkeit und mit tiefer Freude in unserem Herzen – das ist eine superschöne Sache!

M.H.

---

31. Juli

Also ging Samuel wieder zu Bett. Da kam der Herr zu ihm und rief wie vorher: „Samuel, Samuel!" Der Junge antwortete: „Sprich, Herr, ich höre."

Samuel 3, 9b-10 (HFA)

Ein junges Ehepaar wanderte 1955 von Deutschland in die USA aus. Als die Frau einige Jahre später das erste Mal mit ihrem kleinen Jungen die alte Heimat besuchte, war sie sehr traurig darüber, zu sehen, wie wenige Menschen in Deutschland von Herzen an Gott glaubten. An einem einsamen Ort im Schwarzwald kniete sie nieder und betete: „Herr ich bin so traurig über mein Heimatland. Ich wünsche mir so sehr, dass eines meiner Kinder später nach Deutschland zurückkehrt, um dir zu dienen und vielen Menschen von dir zu erzählen."

Ungefähr 30 Jahre später war es so weit. Ihr ältester Sohn kehrte nach Deutschland zurück und gründete viele Gemeinden. Wenn er predigte, verstanden viele Menschen, dass Gott sie liebte. Auch Samuel war so ein Junge, dessen Mutter Gott ein Versprechen gegeben hatte. Gott hat etwas Großartiges aus seinem Leben gemacht.

A.K.

1. August

Unser Gott ist ein Gott, der rettet! Der allmächtige Gott befreit uns vom Tod.

Psalm 68, 21 (NLB)

David hatte oft erlebt, dass Gott ihn in gefährlichen Situationen bewahrt hatte und er mit dem Leben davonkam. Was er hier sagt, klingt aber so, also ob Gott alle Menschen vom drohenden Tod befreit. Und das ist auch tatsächlich so. Die Bibel sagt uns, dass jeder, der an Jesus glaubt, Gott gehört und damit von der Macht des Todes befreit ist. Er darf ewig mit Gott leben.

A.K.

---

2. August

Warum nur bin ich so traurig? Warum ist mein Herz so schwer? Auf Gott will ich hoffen, denn ich weiß: ich werde ihm wieder danken. Er ist mein Gott, er wird mir beistehen!

Psalm 42, 6 (HFA)

Manchmal sind wir traurig ohne rechten Grund. So ging es auch David. Er fragte sich selbst: Warum bin ich eigentlich so traurig? Was ist los mit mir?

Liegt es vielleicht daran, dass ich Gott irgendwie vergessen habe, dass ich nicht mehr so richtig glaube und ihm nicht alles zutraue? Am besten ist, wenn ich wieder beginne, ihn zu loben. Denn Gott kann meine Traurigkeit in Freude verwandeln.

Frage: Möchtest du das heute auch tun? Fang einfach an, ihm zu danken.

S.L.

3. August

Wer den Armen etwas gibt, gibt es Gott, und Gott wird es reich belohnen.

Sprüche 19, 17 (HFA)

An die Armen zu denken, ist nicht nur ein gutgemeinter Tipp von Gott an uns. Das ist sogar unsere Pflicht als Christen, die wir in einem reichen Land wohnen. Aber wie könnte die Belohnung aussehen? Uns geht es nicht wirklich schlechter, wenn wir Geld abgegeben haben. Gott versorgt uns trotzdem noch. Eine andere Belohnung kann auch sein, dass wir uns selber darüber freuen, mit unserem Geld anderen geholfen zu haben. Oft erlebe ich, dass Leute, die gern von dem abgeben, was sie haben, zufriedener und damit auch glücklicher sind. Na, wenn das keine Belohnung von Gott ist!

H.V.

4. August

Wie kostbar sind deine Gedanken über mich, Gott! Es sind unendlich viele. Wollte ich sie zählen, so sind sie zahlreicher als der Sand.

Psalm 139, 17+18a (NLB)

Stell dir vor, du nimmst so viel Sand in deine Hand, wie du fassen kannst. Kannst du die Körner zählen? Es sind wirklich sehr, sehr viele. Die Hand eines Erwachsenen kann etwa 1 520 000 Sandkörner fassen: Einemillionfünfhundertzwanzigtausend!!!

Hast du irgendeine Ahnung, wie viele Sandstrände es auf unserer Erde gibt und wie viele Hände voller Sand dort liegen? Und dann noch die Wüsten dazu....

So viele und noch mehr Gedanken hat Gott über dich. Gute Gedanken. Sehr gute, freundliche und liebevolle Gedanken. Das ist unfassbar schön.

B.B./M.Kü.

5. August

„Ich habe die Klagen der Israeliten gehört. Darum sag ihnen: Heute Abend werdet ihr Fleisch zu essen bekommen und morgen früh so viel Brot, wie ihr braucht. Daran werdet ihr erkennen, dass ich der Herr, euer Gott, bin!“

Am selben Abend zogen Schwärme von Wachteln heran und ließen sich überall im Lager nieder. Und am nächsten Morgen lag Tau rings um das Lager. Als er verdunstet war, blieben auf dem Wüstenboden feine Körner zurück, die aussahen wie Reif. Die Israeliten entdeckten sie und fragten sich: „Was ist das bloß?“ Nie zuvor hatten sie so etwas gesehen. Mose erklärte ihnen: „Dies ist das Brot, das euch der Herr zu essen gibt.“

2. Mose 16, 12-15 (HFA)

Lass dich überraschen!
Halt die Hände auf.
Lass dich überraschen!
Mach die Augen auf, dann wirst du es sehen.
Lass dich überraschen!
Fang zu staunen an.
Lass dich überraschen!
Freue dich daran.

Du wirst reich beschenkt
einfach so, weil er dich liebt.
Immer wieder von neuem überrascht.
Du wirst glücklich gemacht,
kannst gar nichts dafür tun.
Das hat er sich für dich so ausgedacht.

(Daniel Kallauch aus der CD „Schon gewonnen“ © cap-music, 72221 Haiterbach-Beihingen)

6. August

Auf der ganzen Erde hört man die Sprache der Schöpfung, ihre Botschaft erreicht noch die fernsten Länder.

Psalm 19, 5a (HFA)

Rieche heute doch mal an einer Blume. Viele duften ganz toll. Und wie genial sie gemacht sind! Wenn Blumen reden könnten, würden sie uns zurufen: „Gott ist super. Schau, wie wunderbar mich Gott geschaffen hat!“ Aber uns hat Gott auch gemacht und wir können sprechen. Wäre doch toll, wenn wir das tun würden, was die Blumen nicht tun können: Gott Danke sagen.

S.W.

---

7. August

Der Herr ist zuverlässig und gerecht, deshalb liebt er alle, die gerechte Entscheidungen treffen; sie werden ihn einst schauen.

Psalm 11, 7 (HFA)

Jeder Mensch muss an jedem Tag viele Entscheidungen treffen. Gerechte Entscheidungen sind Entscheidungen, die keine Seite bevorzugen oder keinen anderen Menschen übervorteilen. Gott ermutigt uns heute, gerechte Entscheidungen zu treffen – so wie er das auch tut. Sein Versprechen ist, dass wir ihm dadurch nahe sein werden.

S.B.

---

8. August

Jesus nahm die Kinder in seine Arme, legte ihnen die Hände auf und segnete sie.

Markus 10, 16 (HFA)

Aufgabe: Setz dich auf den Schoß deines Vaters oder deiner Mutter. Lass dich kräftig umarmen und segnen. Anschließend kannst du den anderen in die Arme nehmen und sagen: „Gott segne dich“.

So wie ihr euch in die Arme genommen habt, nimmt uns Gott jeden Tag in seine Arme und gibt uns seinen Segen. Er liebt uns und will nur Gutes für uns.

M.D.

---

9. August

Ich, der Herr, der König und Befreier Israels, der allmächtige Gott, sage: Ich bin der Erste und der Letzte. Außer mir gibt es keinen Gott! Niemand ist mir gleich. Keiner kann tun, was ich seit Menschengedenken getan habe.

Jesaja 44, 6 (HFA)

Der Prophet Jesaja hat den Auftrag von Gott erhalten, den Männern und Frauen, den Jungs und Mädchen vom Volk Israel eine wichtige Botschaft zu überbringen: Gott ist allmächtig. Er kann alles und es gibt außer ihm keinen lebendigen Gott auf der Welt. Das wussten doch die Israeliten, oder? Immerhin hatte Gott sie schon so oft gerettet, wenn Feinde ihr Land bedrohten. Außerdem hatte Gott sie aus der Sklaverei in Ägypten befreit, ihnen das Land Kanaan gezeigt.

Warum soll Jesaja das Volk daran erinnern, dass Gott alles kann und der einzige lebendige Gott auf der Welt ist? Die Menschen waren damals genauso vergesslich wie wir heutzutage. Sie hatten einfach Gott und seine Einzigartigkeit vergessen.

S.E.

10. August

Mein Herz freut sich am Herrn! Der Herr hat mir neue Kraft gegeben! Jetzt lache ich über meine Feinde; ja, ich freue mich über deine Hilfe.

1. Samuel 2, 1 (NLB)

Weißt du, wie das ist, wenn man immer und immer wieder verspottet wird und andere täglich über einen lästern? So ging es der Frau, die sich jetzt so freut. Jahrelang hatte sie gelitten. Aber dann erlebte sie, dass Gott ihre Not sieht und ihr Gebet um Hilfe erhört. Jetzt scheint die Sonne wieder für sie und sie kann wieder lachen. Es lohnt sich, die Geschichte von Hanna einmal nachzulesen (1.Samuel 1).

Gebet: Jesus, es gibt Zeiten, da kommt es mir so vor, als ob du meine Gebete nicht hörst, denn es scheint sich nichts zu verändern. Aber ich möchte nicht aufhören, dir zu vertrauen. Amen.

J.F.

---

11. August

Wer seine Gefühle beherrscht, hat Verstand. Der Jähzornige stellt nur seine Unvernunft zur Schau!

Sprüche 14, 2 (HFA)

Jähzorn ist für alle Beteiligten etwas sehr Unschönes. Gerade die Menschen, die aus dem Nichts völlig überzogen einen Zornesausbruch bekommen, können es im Nachhinein kaum verstehen, wie ihnen das passieren konnte. Und dann geht der Spießrutenlauf los: Bis man sich bei allen entschuldigt hat – ohh – das kann sehr demütigend sein.

Möchtest du lernen, deinen Jähzorn besser in den Griff zu bekommen? Versuche, vor jeder Reaktion innerlich ein Stopp-Schild einzubauen und dich zu fragen: Hey, was passiert hier eigentlich wirklich?

Gebet: Bitte hilf mir, nicht gleich zu explodieren, wenn etwas Ärgerliches geschieht. Amen.

M.H.

12. August

Ich hebe meine Augen auf zu den Bergen. Woher kommt mir Hilfe? Meine Hilfe kommt vom Herrn, der Himmel und Erde gemacht hat. Er wird deinen Fuß nicht gleiten lassen, und der dich behütet, schläft nicht. Siehe, der Hüter Israels schläft und schlummert nicht.

Psalm 121, 1-4 (LUT84)

Schaut mal hin, wie Gottes Art hier beschrieben wird: Er ist so fürsorglich, ausdauernd und liebevoll. Ich bin begeistert! Selbst einer Mutter, die ihre Kinder lieb hat und gut auf sie aufpasst, geht die Kraft manchmal aus und sie muss täglich schlafen. Aber unser Gott ist immer da, Tag und Nacht. Er passt immer auf uns auf. Wenn wir Hilfe brauchen, können wir seiner Liebe und Fürsorge sicher sein und vertrauensvoll von ihm Schutz erwarten.

K.H.

13. August

Alles gelingt dem, der großzügig ist und gerne leiht und in allen seinen Geschäften ehrlich ist. Das Unglück kann ihm nichts anhaben, an einen so gerechten Menschen wird man sich immer erinnern. Er fürchtet sich nicht vor schlechter Nachricht, sondern vertraut fest darauf, dass der Herr für ihn sorgt.

Psalm 112, 5-7 (NLB)

Hast du schon mal etwas verliehen, was dir wirklich wichtig war und vielleicht nicht gewusst, ob du es wiederbekommen wirst? Oder: Bist du immer ehrlich?

Beides kann man nur tun, wenn man ein großes Vertrauen in Gott und in die Menschen hat. Wenn wir so leben, merken das die Menschen um uns herum und werden Gutes über uns sagen. Dieses Gottvertrauen reicht dann auch aus, um schlimme Nachrichten zu überstehen.

E.H.

14. August

Ich kann ruhig schlafen, auch wenn kein Mensch zu mir hält, denn du, Herr, beschützt mich.

Psalm 4, 9 (HFA)

Hast du schon mal schlecht geschlafen und dich gefragt, warum? Vielleicht weil im Laufe des Tages etwas Schlimmes geschehen ist oder weil du Angst vor dem nächsten Tag hattest.

Wir können Gott alles sagen und wissen, dass es bei ihm in guten Händen ist. Gott sorgt für uns und passt auf uns auf. Das beruhigt mehr als heiße Milch mit Honig oder eine Schlaftablette.

A.J.

15. August

Jesus hielt sich in Betanien im Haus Simons auf, eines Mannes, der an Aussatz erkrankt war. Als sie beim Essen saßen, kam eine Frau mit einem wunderschönen Gefäß voll kostbaren Öls. Sie zerbrach das Gefäß und goss Jesus das Öl über den Kopf.

Markus 14, 3 (NLB)

Die Frau, von der hier erzählt wird, hatte sich die Sache gut überlegt. Sie wollte Jesus so richtig verwöhnen. Lange hatte sie darauf gespart. Sie nahm die Flasche mit dem kostbaren Parfüm. Sie öffnete vorsichtig den Korken und erhob sich. Dann goss sie das wertvolle Öl über Jesus. Über seinen Kopf, über seine Schultern, über seine Füße. Der Duft des Parfüms stieg auf, breitete sich im ganzen Raum und dann im ganzen Haus aus. Maria zeigt Jesus ihre große Liebe und Dankbarkeit auf ihre Art. Wie kannst du Jesus zeigen, wie sehr du ihn liebst?

A.K.

16. August

Der Geist Gottes selbst bestätigt uns tief im Herzen, dass wir Gottes Kinder sind.

Römer 8, 16 (NLB)

Ist das nicht wunderbar? Wenn wir mal unsicher werden, ob wir noch ein Kind des himmlischen Vaters sind, dann spricht der Heilige Geist in uns: Es besteht kein Zweifel! Du bist meine geliebte Tochter, du bist mein geliebter Sohn. Vertraue mir, es hat sich nichts daran geändert. Egal, was gewesen ist. Ich liebe dich.

D.K.

17. August

Ich singe von deiner Macht. Früh am Morgen juble ich dir zu, weil du so gnädig bist. Du bietest mir Schutz wie eine sichere Burg; zu dir kann ich fliehen, wenn ich weder aus noch ein weiß.

Psalm 59, 17 (HFA)

Ich wohne in der Nähe des mittleren Rheintals. Dort gibt es viele Burgen und wir haben schon so einige besichtigt. Man muss oft ganz schon kraxeln, bis man oben ist. Dann geht man durch ein Tor und steht im sonnenbeschienenen Burghof. Aber man findet auch überall schattige Ecken und geschützte Plätze.

„Burg“ ist für mich genau das richtige Wort für Gott. Du kannst dich ausruhen und du fühlst dich vollkommen sicher. Und wenn dir zum Feiern zumute ist, dann kannst du singen und tanzen – so wie in den Festsälen der alten Burgen.

M.K.

18. August

Kommt und seht, was euer Gott getan hat, wie wunderbar er an seinem Volk gehandelt hat. Er bahnte einen trockenen Weg durchs Rote Meer, und sein Volk schritt zu Fuß hindurch. Darum wollen wir uns an ihm freuen.

Psalm 66, 5+6 (NLB)

Es schien eine ausweglose Situation zu sein: Vor dem Volk Israel lag ein großes Meer, hinter ihnen kam die ägyptische Armee immer näher. Von allen Seiten waren sie eingekesselt. Vielleicht kommt dir dein Leben auch manchmal so vor: Es geht weder vor noch zurück.

Gott kann einen Ausweg schaffen. So wie er das Volk Israel geführt hat, will er uns auch führen – jeden Tag! Wir dürfen da ganz entspannt bleiben, Gott hat immer einen Weg. In manche Situationen scheinen wir gerade deshalb zu geraten, damit uns Gott seine Macht zeigen kann.

T.K.

---

19. August

Ach, mein Herr und Gott! Du hast Himmel und Erde erschaffen durch deine große Kraft und deinen hoch erhobenen Arm. Nichts ist dir unmöglich.

Jeremia 32, 17 (EÜ)

Jesus kann alles, du darfst ihn bitten,
er wandelt Wasser um in besten Wein,
er heilt die Kranken, rettet aus Ängsten,
vergibt unsere Sünden, wäscht die Herzen rein.
Nichts ist zu groß, mit allem darf ich kommen.
Nichts ist zu klein, er will mein Helfer sein.
Jesus kann alles!

---

20. August

Der Herr führte Abram nach draußen und sprach zu ihm: „Schau hinauf zum Himmel. Kannst du etwa die Sterne zählen?" Dann versprach er ihm: „So zahlreich werden deine Nachkommen sein!" Und Abram glaubte Gott.

1. Mose 15, 5+6 (NLB)

Hast du schon einmal versucht, die Sterne zu zählen? Es sind zu viele, man schafft es einfach nicht.

Abram sollte so viele Nachkommen haben, dass er nicht mehr in der Lage sein würde, sie zu zählen. Schwer zu glauben für einen älteren Mann, der weder Sohn noch Tochter hat. Doch Abram wusste: Nichts ist unmöglich, wenn Gott sich darum kümmert. Er glaubte Gott und vertraute ihm und wurde nicht enttäuscht.

Gebet: Herr, ich schaffe es oft nicht, meine Versprechen zu halten. Bei dir ist das anders. Du bist absolut glaubwürdig. Niemals brichst du ein Versprechen. Ich vertraue dir. Amen.

A.Ko.

---

21. August

Mein Sohn, wenn der Herr dich zurechtweist, dann sei nicht entrüstet, sondern nimm es an, denn darin zeigt sich seine Liebe. Wie ein Vater den Sohn erzieht, den er liebt, so erzieht dich auch der Herr.

Sprüche 3, 11+12 (HFA)

Gute Eltern zeigen ihren Kindern, wo die Grenzen zwischen Gut und Böse oder Falsch und Richtig sind. Oft gefällt das den Kindern nicht, weil sie es nicht verstehen, aber später danken sie ihren Eltern dafür. Gegenüber Gott sind wir alle Kinder und verstehen nicht alles, was uns im Leben passiert. Aber Gott, der Vater, meint es gut und möchte, dass wir ihm vertrauen und seine Liebe erkennen.

Frage: Hast du schon mal erlebt, wie Gott dich erzogen hat?

S.L.

---

22. August

Herr, dein Wort bleibt für immer und ewig. Schon als du den Himmel erschufst, war es gültig. Deine Treue gilt für alle Zeiten. Durch sie erhältst du die Erde, seitdem du sie ins Dasein gerufen hast. Himmel und Erde bestehen bis heute, weil du es so willst, denn dir muss alles dienen.

Psalm 119, 89-91 (HFA)

Was ist schön bunt, wunderbar gebogen und erinnert uns, wenn es geregnet hat und dann die Sonne scheint, an Gottes Treue? Das war nicht schwer – es ist der Regenbogen!

Gott hat durch sein Wort alles erschaffen. Er hat einen Bund mit den Menschen geschlossen und erhält durch seine Treue unsere Erde bis heute, so wie er es versprochen hat.

Lest doch mal die Geschichte vom Regenbogen nach in 1. Mose 9, 8-17 und freut euch an Gottes Versprechen.

A.Lx.

---

23. August

Jesus wandte sich zu dem Gelähmten und sagte: „Ich befehle dir: Steh auf, nimm deine Matte und geh nach Hause!" Da stand der Mann auf, nahm seine Matte und ging vor den Augen der ganzen Menge hinaus. Alle waren außer sich vor Staunen; sie priesen Gott und sagten: „So etwas haben wir noch nie erlebt."

Markus 2, 11 (NGÜ)

„Dreist!", hätte ich damals gedacht. „Wir haben uns alle ordentlich angestellt und uns in diesen Raum gequetscht um Jesus zu hören und die decken einfach das Dach ab, klettern rein und legen ihren Freund direkt vor seine Füße." Und Jesus, der reagiert mal wieder alles andere als kleinkariert. Er heilt diesen Mann an Leib und Seele. Einfach so. Ist das möglich?

Gebet: Mein Denken ist so klein und eng. Ich will von deiner Weite lernen, Jesus, und die Möglichkeiten, nicht die Grenzen sehen. Gib uns die Vollmacht und den Glauben, um hier auf der Erde deine Wunder zu tun, damit alle über dich staunen. Amen.

B.L.

---

24. August

Jesus fragte: „Womit sollen wir das Reich Gottes noch vergleichen? Welches Bild könnte euch helfen, es zu verstehen? Ich möchte das Reich Gottes mit einem Senfkorn vergleichen. Das ist ein winziges Samenkorn. Wenn es aber in den Boden gesät wird, wächst es schnell heran und wird größer als andere Sträucher. Es bekommt starke Zweige, in denen die Vögel sogar ihre Nester bauen können."

Markus 4, 30-32 (HFA)

Gebet: Gott, danke, dass dein Reich kommt und sich schon jetzt immer mehr ausbreitet. Danke, dass ich dabei helfen darf, andere Menschen zu dir zu bringen. Bitte gib du mir Mut, andere anzusprechen und ihnen von dir zu erzählen, und gib mir gute Ideen, wie ich damit anfangen soll. Amen.

G.L.

---

25. August

Der Herr aber ist der wahre und lebendige Gott, der ewige König.

Jeremia 10, 10a (HFA)

Zur Zeit von Jeremia haben sich viele Israeliten toten Göttern zugewandt. Ihre Götter hatten Nasen, die nicht laufen und Füße, die nicht riechen. (Oder war's umgekehrt? Na ja!) Aber geht es uns heute anders? Was ist dein Gott?

Es gibt Menschen, die huldigen einem „Gott", der vier Räder hat und so stinkt, dass viele krank werden. Andere nehmen viele Mühen, Opfer oder Kämpfe auf sich, um nichts weiter zu bekommen als ... Geld. Und das Schlimmste: Um ehrlich zu sein, gehöre ich auch oft dazu. Heute will ich mich wieder mehr dem lebendigen Gott zuwenden, alles andere ist ihm untergeordnet.

P.M.

26. August

Wer dich liebt, Herr, gleicht der Sonne, die aufgeht in ihrer Pracht!

Richter 5, 31 (HFA)

Lebensspendende Sonne – ohne sie gibt es kein Leben, ohne sie hätten wir eine kalte, verkrustete Erde, ohne Sonne gibt es kein Wachstum, ohne sie keine Ernte. Auch das lebenswichtige Vitamin D kann unser Körper nicht aufnehmen ohne das Licht der Sonne.

Wer den Herrn liebt, darf strahlen wie die Sonne und darf Leben schenken, Wärme bringen, Hoffnung in eine kalte Welt, Licht in Düsternis und Traurigkeit. Für wen möchtest du heute „Sonne" sein?

B.Min.

27. August

Jesus stand auf, bedrohte den Wind und rief in das Toben der See: „Sei still! Schweige!" Da legte sich der Sturm, und tiefe Stille breitete sich aus. „Warum hattet ihr solche Angst?" fragte Jesus seine Jünger, „habt ihr denn gar kein Vertrauen zu mir?"

Markus 4, 39+40 (HFA)

Die Jünger waren gemeinsam mit Jesus auf dem Boot unterwegs. Jesus schlief. Der Sturm kam und die Jünger bekamen Angst, unterzugehen, obwohl sie wussten, dass Jesus in ihrem Boot war. Manchmal geht es uns auch so: Obwohl wir sicher wissen, dass Gott mit uns ist, haben wir Angst, dass er schläft und nicht mitkriegt was bei uns passiert. Ich glaube, Jesus spricht in Sturmsituationen auch heute zu uns: Ich kann den Sturm stillen! Habt keine Angst und vertraut mir. Wir sind doch im selben Boot!

M.M.

28. August

Herr, wenn du mir nicht geholfen hättest, dann wäre ich längst für immer verstummt. Wenn ich dachte: „Nun stürze ich!", hast du mich mit deiner Güte gestützt. Wenn mir das Herz schwer war von tausend Sorgen, hat mich dein Trost wieder froh gemacht.

Psalm 94, 17-19 (GN)

Ich denke: „Ich schaff' es nicht."
Gott sagt: „Du schaffst es. Ich helfe dir."
Ich denke: „Oje, jetzt ist es vorbei."
Gott sagt: „Es geht weiter. In der Not rette ich dich."
Ich denke: „Seufz. Alles ist so schwierig. Ich weiß nicht, was ich machen soll."
Gott sagt: „Ich bin da. Schau mich an. Ich bin größer und stärker als alles, was du dir vorstellen kannst. Wir kriegen das hin."

Danke, Gott, dass du mein Freund bist, dass du mir hilfst, mich rettest und mich tröstest, wenn ich es brauche!

J.N.

29. August

Jesus betet: „Vater, gib mir, wenn ich wieder bei dir bin, von neuem die Herrlichkeit, die ich schon vor der Erschaffung der Welt bei dir hatte."

Johannes 17, 5 (NGÜ)

Gebet: Danke, Jesus, dass du für uns in diese Welt gekommen bist. Danke, dass du dein Zuhause bei Gott freiwillig aufgegeben hast, um uns ein Stück davon zu zeigen. Danke, dass du nun wieder beim Vater bist und darauf wartest, dass wir dein Geschenk annehmen und zu dir kommen. Ich freue mich darauf, dich in deiner Herrlichkeit zu sehen. Das wird unvorstellbar schön! Amen.

M.N.

30. August

Beschütze mich und mach mich stark, wie du es zugesagt hast! Lass nicht zu, dass das Böse über mich Macht gewinnt! Lass mich erleben, wie gut du es mit mir meinst, und zeige mir, was ich nach deinem Willen tun soll!

Psalm 119, 133+135 (HFA)

Wie gut, dass Gott nicht nur bestimmtes Verhalten von mir fordert (etwa in den 10 Geboten), sondern dass er selbst versprochen hat, bei der Umsetzung zu helfen.

Wie in diesem Gebet aus dem 119. Psalm beschrieben, will und wird uns Gott heute Schutz, Stärke und Weisheit im Umgang mit Schwierigkeiten und Versuchungen sein. Bete es noch einmal bewusst und erinnere dich den ganzen Tag über immer wieder daran. Gott hilft dir, dass nicht das Böse dich bestimmt, sondern das Gute.

G.P.

31. August

Gott sandte seinen Sohn nicht in die Welt, um sie zu verurteilen, sondern um sie durch seinen Sohn zu retten. Wer an ihn glaubt, wird nicht verurteilt.

Johannes 3, 17+18a (NLB)

Rettung in höchster Not, Rettung aus Lebensgefahr, Rettung vor dem Tod. Da helfen keine Ritter mit Rüstung, keine Glücksritter und kein Ritter Sport. Da hilft nur ein Retter, der wirklich Leben rettet. Jesus. Wenn wir ihm folgen, endet alles für uns gut. Wir müssen uns nur an die vier G`s halten: Gott ganz glauben genügt.

S.R.

1. September

Jeder soll so viel geben, wie er sich in seinem Herzen vorgenommen hat. Es soll ihm nicht leid tun und er soll es auch nicht nur geben, weil er sich dazu gezwungen fühlt. Gott liebt fröhliche Geber!

2. Korinther 9, 7 (GN)

Hast du das schon mal erlebt? Du gibst etwas ab und freust dich über die Freude des Beschenkten. Das meint Paulus. Die Möglichkeit etwas zu geben, macht mein Herz fröhlich – und Gott auch. Beim Geben kommt es nicht auf den (Geld-) Wert an, sondern auf meine Herzenshaltung.

Gebet: Gott öffne mein Herz, damit ich deine Möglichkeiten erkenne und fröhlich geben lerne. Amen.

C.Sche.

2. September

Man rief die Apostel wieder in den Gerichtssaal, ließ sie auspeitschen und verbot ihnen noch einmal, von Jesus zu reden. Dann wurden sie freigelassen. Die Apostel aber verließen den Gerichtssaal voller Freude darüber, dass Gott ihnen das Vorrecht gegeben hatte, für Jesus Verachtung und Schmerzen zu ertragen. Sie verkündeten weiter jeden Tag öffentlich im Tempel und auch in Privathäusern, dass Jesus der schon lange erwartete Messias ist.

Apostelgeschichte 5, 40-42 (HFA)

Die Apostel dachten überhaupt nicht daran, den Priestern zu gehorchen, obwohl diese die „Bestimmer" und die Mächtigen waren. Von Petrus und seinen Kollegen können wir hier lernen: Gehorsam denen gegenüber, die etwas zu sagen haben, ist verkehrt, wenn wir dadurch unser Gewissen oder Gottes Wort verletzen.

Einfach zu tun, was einem gesagt wird, ist leicht. Nachzudenken und das zu tun, was einem Gottes Gebote auftragen, ist dagegen manchmal schwer und unbequem. Aber es kann das Richtige sein.

C.Schn.

---

3. September

Der Herr aber hat die Erde durch seine Macht geschaffen. In seiner großen Weisheit hat er ihr Fundament gelegt und den Himmel ausgebreitet. Wenn er es befiehlt, tosen die Wassermassen oben am Himmel; er lässt die Wolken aufsteigen vom Horizont. Er sendet Blitz und Regen und schickt den Wind aus seinen Kammern auf die Reise.

Jeremia 10, 12+13 (HFA)

Gott ist der Schöpfer der Erde. Das ganze komplizierte und fein abgestimmte System hat er sich ausgedacht. Wenn man einzelne Aspekte näher betrachtet, dann ahnt man etwas von der tiefen Weisheit dahinter.

Meine Kinder und ich staunen zum Beispiel über die Zugvögel: wie sie zur rechten Zeit kommen und wieder gehen, wie sie in diesen wunderschönen Formationen fliegen und (wie z.B. die Jungstörche nach drei Jahren) an ihren alten Ort zurückfinden. Doch Gott hat sich das alles nicht nur ausgedacht, sondern er hält dieses System immer noch in seiner Hand und kann jeder Zeit eingreifen. Darum beten Christen weltweit auch heute noch voller Vertrauen um das richtige Wetter, damit ihre Ernte gut wird.

Betet doch heute für Länder wie den Jemen oder die Sahelzone, in denen es oft nicht genug regnet. Vielleicht kennt ihr auch noch ein anderes Land für das ihr beten könnt!

M.S.

4. September

Dir, Herr, gehören Größe und Kraft, Ehre und Hoheit und Pracht! Alles im Himmel und auf der Erde ist dein Eigentum; dir gehört alle Herrschaft, du bist hoch erhoben als das Haupt über alles!

1. Chronik 29, 11 (GN)

Ich kann nur staunen, wenn die Kids in unserem Kinderchor Songs schmettern, die von diesem großen Gott erzählen: Ich bin Gottes „Superstar“. Sein „Riesendiamant“. Ich bin in seinen Augen ein „Volltreffer“. Ich bin „sein Kind“. Er meint es „absolut gut“ mit mir. Für ihn bin ich „richtig wichtig“. Wem auf dieser Welt gehört mehr Dank und Ehre und Ruhm als diesem großen Gott, in dessen Augen ich trotz meiner Fehler und Schwächen so unglaublich wertvoll bin. Sing es ihm heute dankbar zu!

S.V.

5. September

Ich war am Ende, da schrie ich zum Herrn, und er hörte mich; aus aller Bedrängnis hat er mich befreit. Der Engel des Herrn stellt sich schützend vor alle, die Gott ernst nehmen, und bringt sie in Sicherheit.

Psalm 34, 7+8 (HFA)

Ich muss an die Missionarsfamilie mit ihren fünf Kindern denken, deren Vater früh gestorben ist, obwohl alle zum Herrn geschrieen haben. Und an meine Nachbarin, die anstatt gesünder immer kränker wird, obwohl sie betet. Vielleicht heißt „aus aller Bedrängnis befreien“ nicht unbedingt, dass Gott jederzeit alle Krankheit heilt. Der Engel des Herrn kann mich auch darin beschützen, dass mich meine Krankheit oder meine Last nicht so stark bedrängt, dass ich nur noch unglücklich bin. Ich weiß, dass Gott hört, wenn ich schreie und mich in Sicherheit bringt. Auch wenn die Sicherheit anders aussieht, als ich sie mir gewünscht hätte.

H.V.

6. September

Abram beredete die Sache mit Lot. „Dieser Streit zwischen dir und mir und zwischen deinen Hirten und meinen Hirten muss ein Ende haben", sagte er. „Schließlich sind wir miteinander verwandt! Es ist besser, wenn wir uns trennen. Das ganze Land liegt vor dir. Wenn du nach links ziehen willst, werde ich nach rechts ziehen. Gehst du jedoch nach rechts, werde ich mich nach links wenden."

1. Mose 13, 8+9 (NLB)

Bei dir kommt keiner zu kurz.
Du bringst es fertig, alle gleich zu lieben.
Bei dir kommt keiner zu kurz!

(Daniel Kallauch)

Manchmal ist es besser, nachzugeben, um einen Streit aus dem Weg zu räumen. Abram war sich sicher, dass er bei Gott nicht zu kurz kommt, deshalb konnte er Lot gegenüber so großzügig sein. Wenn du dir sicher bist, dass Gott liebevoll und großzügig mit dir ist, kannst du auch anderen etwas gönnen.

A.K.

7. September

Wer mir Dank sagt, bringt ein Opfer, das mich wirklich ehrt.
Psalm 50, 23 (NLB)

In vielen Religionen brachten schon vor langer Zeit Menschen den Göttern, an die sie glaubten, Opfer. Sie gaben dabei den Gottheiten etwas von ihrem Besitz ab, vor allem Tiere und Pflanzen. Das taten sie, um sich zu bedanken. Oder sie taten es, um die Götter für sich zu gewinnen, damit sie gut gestimmt und nicht zornig sein sollten. Auch im jüdischen Glauben wurden Gott Opfer gebracht.

In unserem heutigen Satz aus der Bibel nennt unser Gott etwas ganz anderes, das ihm gefällt. Er spricht nicht von Tierblut oder teurem Besitz: Gott freut sich, wenn wir ihm Danke sagen. Damit ehren wir ihn und zeigen ihm, dass wir ihn lieben.
Wofür möchtest du heute Gott Danke sagen?

B.B.

8. September

Ihr aber sollt eure Feinde lieben und den Menschen Gutes tun. Ihr sollt ihnen helfen, ohne einen Dank oder eine Gegenleistung zu erwarten. Gott wird euch reich belohnen, weil ihr wie seine Kinder handelt. Denn auch er ist gütig zu Undankbaren und Bösen.
Lukas 6, 35 (HFA)

Wer liebt, gewinnt,
immer und überall.
Wer liebt, gewinnt,
immer und überall.

Lieben heißt verschenken,
Lieben heißt verzeihn.
Nicht an sich selber denken,
für andere da zu sein.

Denn Liebe ist das Größte, das es gibt,
ja, Liebe ist das, was am Ende siegt!

(Daniel Kallauch aus der CD „Schon gewonnen", © cap-music, 72221 Haiterbach-Beihingen)

9. September

Eines Tages brachten einige Eltern ihre Kinder zu Jesus, damit er sie berühren und segnen sollte. Doch die Jünger wiesen sie ab. Als Jesus das sah, war er sehr verärgert über seine Jünger und sagte zu ihnen: „Lasst die Kinder zu mir kommen. Hindert sie nicht daran! Denn das Reich Gottes gehört Menschen wie ihnen."

Markus 10, 13+14 (NLB)

Wenn Jesus sehr verärgert ist, dann muss schon was ganz Schlimmes passiert sein. Er ärgert sich besonders, wenn Erwachsene denken, dass Jesus sich nicht für Kinder interessiert. Denn Jesus findet Kinder super! Er meint, dass Kinder die besten Vorraussetzungen haben, um ins Reich Gottes zu kommen.

Danke Herr Jesus, dass du jedes Kind toll findest und es sehr, sehr magst! Auch jedes Kind, das jetzt gerade zuhört, darf in dein Reich kommen.

S.W.

10. September

Der Mensch denkt über vieles nach und macht seine Pläne, das letzte Wort aber hat Gott. Der Mensch hält sein Handeln für richtig, aber Gott prüft die Motive. Vertraue Gott deine Pläne an, er wird dir Gelingen schenken.

Sprüche 16, 1-3 (HFA)

Manchmal habe ich eine sehr lange to-do-Liste (Aufgabenliste), viele Dinge gilt es an einem Tag zu erledigen. Da sind meine Termine und meine Pflichten und ich habe viel vor. Heute werden wir von Gott ermutigt, uns ihm anzuvertrauen, mit allen unseren Plänen und dem, was uns bewegt. Er will uns heute Gelingen schenken! Gott will heute mit uns durch den Tag gehen.

S.B.

11. September

Gott spricht immer wieder, auf die eine oder die andere Weise, nur wir Menschen hören nicht darauf! Gott redet durch Träume, durch Visionen in der Nacht, wenn tiefer Schlaf auf die Menschen fällt. Sie liegen da und schlummern, doch dann erschreckt er sie mit seiner Warnung, und sie hören aufmerksam zu.

Hiob 33, 14-16 (HFA)

Kennst du die drei indischen Affen? Nichts hören – nichts sehen – nichts reden! Der eine hält sich die Ohren zu, der andere die Augen und der letzte den Mund. Ich glaube, manchmal müssen wir für Gott wie der nichts hörende Affe sein. Gott versucht mit uns zu reden, aber wir halten uns einfach die Ohren zu.

Das Tolle an Gott ist, dass er sich nicht entmutigen lässt und immer wieder versucht, mit uns Kontakt aufzunehmen. Auf ganz unterschiedliche Art und Weise. Oft hat Gott auch durch Träume mit Menschen geredet. Ist dir das schon einmal so ergangen?

W.D.

12. September

Der Herr schenke dir, was dein Herz begehrt, und lasse all deine Pläne gelingen.

Psalm 20, 5 (EÜ)

Gott kennt unsere Pläne und Träume. Er freut sich, wenn uns im Leben vieles gelingt. David, der diesen Wunsch in seinem Psalm ausdrückt, war ein Mann, der Gott liebte und als König viel Erfolg hatte. Aber es gab auch dunkle Zeiten in Davids Leben, in denen seine Wünsche ganz und gar nicht mit den Vorstellungen Gottes übereinstimmten. Das kann auch manchmal in unserem Leben passieren. Dann ist es gut, wenn Gott die Notbremse zieht. Denn er weiß, was wirklich gut für uns ist.

Gebet: Herr, wir möchten das tun, was du für richtig hältst. Wir legen unsere Wünsche in deine guten Hände. Wir vertrauen dir, dass du einen guten Plan für unser Leben hast! Amen.

C.E.

13. September

Wer zum Herrn aufschaut, der strahlt vor Freude, und sein Vertrauen wird nie enttäuscht.

Psalm 34, 6 (HFA)

Es gehört zu den schönsten Erlebnissen, wenn Säuglinge zum ersten Mal in das Gesicht von Mama oder Papa strahlen und lachen. Voller Vertrauen und Freude strahlen diese zurück. Wenn wir selbst uns immer wieder in die Arme des lebendigen Gottes legen und in sein „Gesicht" schauen, dann können wir nur lachen und froh werden. Und Gott? Wie ein Vater – oder eine Mutter – strahlt er uns voller Glück an. Wir sind sein Kind.

M.H.

---

14. September

Es ist viel besser, bei dem Herrn Schutz zu suchen, als sich auf Menschen zu verlassen. Es ist viel besser, bei dem Herrn Schutz zu suchen, als mit denen zu rechnen, die mächtig und einflussreich sind.

Psalm 118, 8+9 (HFA)

Oft denken wir, dass die berühmten und mächtigen Politiker oder die großen und die kleinen Chefs in unserem Leben alles bestimmen. Dabei vergessen wir nur zu oft, dass Jesus der „Chef aller Chefs" ist. Die Bibel nennt das: der Herrn aller Herren. Das Beste, was wir tun können, ist, mit allen unseren Sorgen und Problemen zu Jesus zu kommen. Auf ihn ist Verlass, er hilft uns und enttäuscht uns niemals.

K.H.

15. September

Wenn andere Gläubige in Not geraten, steht ihnen zur Seite und helft ihnen. Seid gastfreundlich und öffnet für Gäste euer Haus.

Römer 12, 13 (NLB)

Stell dir vor, du brauchst dringend Hilfe und Freunde bieten dir ihre Unterstützung an. Das tut gut! Stell dir vor, du willst spontan einen Freund besuchen und darfst sogar zum Abendessen bleiben. Da fühlt man sich wohl!

Solche Gastfreundschaft ist übrigens für beide schön: für den Gast und für den Gastgeber.

A.J.

16. September

Gott ist unsre Zuflucht und unsre Stärke, der uns in Zeiten der Not hilft. Deshalb fürchten wir uns nicht, auch wenn die Erde bebt und die Berge ins Meer stürzen, wenn die Ozeane wüten und schäumen und durch ihre Wucht die Berge erzittern!

Psalm 46, 2-4 (NLB)

In einer kleinen Stadt in Aceh (Indonesien) wollten ungefähr 400 Christen Weihnachten feiern. Das verboten ihnen muslimische Mitbewohner. Sie forderten sie auf, doch auf einen Berg außerhalb der Stadt zu gehen und dort das Weihnachtsfest zu verbringen. Das taten die Gläubigen. Sie gingen am 25. Dezember aus der Stadt und feierten dort die Geburt Jesu. Es wurde spät und so blieben alle über Nacht in den Bergen. Am Morgen des 26. Dezember 2004 setzte eine gewaltige Tsunamiwelle die Küsten Südostasiens unter Wasser. Auch die kleine Stadt wurde zerstört und Tausende Menschen starben. Alle 400 Christen, die auf dem Hügel vor der Stadt waren, wurden gerettet.

A.K.

17. September

Wer seine Zunge im Zaum hält, wird lange leben; wer aber unbedacht redet, der rennt in sein eigenes Verderben.

Sprüche 13, 3 (NLB)

Wie oft ist es mir schon passiert, dass ich etwas Unüberlegtes gesagt habe und mir dann am liebsten auf die Zunge gebissen hätte. Das geht so schnell. Oft war ich einfach zu stolz, sofort um Entschuldigung zu bitten. Es war mir zu blöd oder zu peinlich. Tagelang hat mich mein Gewissen gebissen und ich habe mich unwohl gefühlt. Wie befreiend ist es dann, wenn ich um Verzeihung bitte. Vielleicht gibt es für dich heute auch etwas zu klären.

D.K.

18. September

Der Herr ist gerecht in allem, was er tut, ein Gott, auf den man sich verlassen kann. Der Herr ist allen nahe, die ihn anrufen, allen, die ihn aufrichtig anrufen.

Psalm 145, 17+18 (NLB)

Ist das nicht stark? Gott ist ganz nahe bei allen, die ihn anrufen. Ob du gerade bei einer Klassenarbeit sitzt oder mitten in einem Fußballstadion, ob in einem Gottesdienst oder ob du dich alleine in einem Wald verlaufen hast, ob du beim Spielen bist oder mit deiner Familie zusammen am Tisch sitzt. Wenn du ihn aufrichtig anrufst, ist Gott dir ganz nahe. Er hört dich und du kannst dich auf ihn verlassen.

Möchtest du ihm jetzt etwas sagen?

A.Kn.

19. September

„Ich bin Joseph“ sagte er zu seinen Brüdern. „Kommt näher her zu mir!“ Sie kamen näher. Und wieder sagte er: „Ich bin euer Bruder Joseph, den ihr nach Ägypten verkauft habt. Aber ich mache euch deshalb keine Vorwürfe. Gott

selbst hat mich vor euch her geschickt, um euer Leben zu retten." Dann küsste Josef weinend alle seine Brüder. Danach unterhielten sich seine Brüder mit ihm.

1. Mose 45, 3-5+15 (NLB)

Sich wieder vertragen und einander vergeben kann so schön sein. Joseph kamen sogar die Tränen und er küsste seine Brüder. Wie schön ist es, wenn einer den ersten Schritt tut. Es ist nicht immer leicht, aber es lohnt sich. Wer anderen vergibt, bleibt nicht allein.

Frage: Gibt es jemanden, dem du vergeben möchtest? Bist du bereit, den ersten Schritt zu tun?

S.L.

---

20. September

Groß ist deine Güte, Herr! Du hältst sie bereit für die Menschen, die dich ernst nehmen. Vor aller Augen zeigst du sie denen, die bei dir Zuflucht suchen. Du gibst ihnen Schutz in deiner Nähe.

Psalm 31, 20 (HFA)

Stell dir vor, du bist auf der Suche nach Sicherheit und Schutz. Du flüchtest vor Angst, vor Ärger und vor Traurigkeit. Und dann entdeckst du einen sicheren Ort: einen Ort der Geborgenheit, der Wärme und Verlässlichkeit!

So ist Gott – wie der sicherste Ort der Welt! Gott bietet in schwierigen Situationen seine Sicherheit, Wärme, Geborgenheit und Liebe an: Das ist seine Güte!

A.Lx.

21. September

Jesus sagte seinen Jüngern: „Ich lasse euch ein Geschenk zurück – meinen Frieden. Und der Friede, den ich schenke, ist nicht wie der Friede, den die Welt gibt. Deshalb sorgt euch nicht und habt keine Angst."

Johannes 14, 27 (NLB)

Gut gegessen, endlich satt! Friede. Nach 100 Anproben endlich die passende Hose gefunden! Friede. Endlich die so lang vor mir hergeschobene Arbeit erledigt! Friede. Etwas geschafft, erledigt, etwas Ersehntes bekommen: Frieden. Frieden, den die Welt gibt. Das Dumme an diesem Frieden ist nur: Das Gefühl hält nicht so lange vor. Wir müssen sofort wieder weiter, neue Dinge erledigen, schaffen, ersehnen. Manche Menschen werden richtig süchtig danach.

Aber wenn Jesus uns seinen Frieden gibt, hat alle Rennerei ein Ende. Am Ziel! Alles andere ist nicht mehr so wichtig. Dieses Gefühl ist ähnlich wie der Frieden, den die Welt gibt, aber er endet nicht! Und er wird nicht erarbeitet, er wird geschenkt!

B.L.

22. September

Philippus begegnete Nathanael und erzählte ihm: „Endlich haben wir den gefunden, von dem Mose und die Propheten sprechen. Er heißt Jesus und ist der Sohn von Joseph aus Nazareth." „Nazareth?" entgegnete Nathanael. „Was kann von da schon Gutes kommen!" „Du musst ihn selbst kennen lernen. Komm mit!" antwortete ihm Philippus.

Johannes 1, 45+46 (HFA)

Endlich gefunden! Hast du schon mal etwas gesucht, von dem du noch nicht einmal wusstest, ob es das überhaupt schon gibt? Vielleicht eine spezielle Legofigur, ein Getränkepulver mit einem ganz bestimmten Geschmack oder einen Vorhangstoff in einer ausgefallenen Farbe... und dann gab es das tatsächlich! Da kannst du dir sicher vorstellen, wie Philippus sich gefreut hat, als er Jesus, den lange versprochenen Messias, gefunden hat. Er lässt sich die Freude auch nicht von Nathanael verderben. Jesus muss man einfach kennenlernen.

G.L.

---

23. September

Jeder von uns soll auf den anderen Rücksicht nehmen und danach fragen, was gut für ihn ist und was ihm im Glauben weiterhilft.

Römer 15, 2 (NGÜ)

Hast du genug zu essen, ein Dach über dem Kopf, einen Computer? Glückwunsch: Du gehörst zu den fünf Prozent der reichsten Menschen dieser Welt!

Rücksichtnehmen gilt im Kleinen wie im Großen. Wie können wir mehr Rücksicht auf Menschen nehmen, die nicht zu diesen reichen fünf Prozent gehören? Wir könnten z.B. nur die Dinge kaufen, die wir wirklich brauchen und die fair gehandelt werden. Oder wir könnten aus Rücksicht auf unsere Umwelt nur dann Auto fahren, wenn es nicht anders geht. Wir könnten Hilfsaktionen unterstützen. Was ist dir wichtig? Wir sind nicht allein. Wir haben es nicht nötig, auf Kosten anderer zu leben.

P.M.

---

24. September

Sündigt nicht, wenn ihr zornig seid. Nehmt euch eine Nacht Zeit, um darüber nachzudenken und verhaltet euch ruhig.

Psalm 4, 5 (NLB)

Ich hatte eine Freundin, die war sehr jähzornig: von null auf hundert, sodass ihr alle aus dem Weg gingen. Bis sie einen guten Rat befolgte und immer, wenn sie den Zorn kommen spürte, langsam bis zwanzig zu zählen begann. Das half ihr.

Noch mehr hilft es, eine ganze Nacht vergehen zu lassen. Manches sieht danach ganz anders aus. Gottes Tipps sind es wert, befolgt zu werden.

B.Min.

25. September

Wir setzen unsere Hoffnung auf den Herrn, er steht uns bei und rettet uns. Er ist unsere ganze Freude; wir vertrauen ihm, dem heiligen Gott.

Psalm 33, 20+21 (HFA)

Es ist ein riesiges Geschenk, wenn man mit allen Sorgen und Ängsten zu Gott kommen kann. Er hört uns, steht uns bei und ermutigt uns, ihm zu vertrauen. Er hat nur das Beste für uns im Sinn. Super, Gott, dass du an meiner Seite bist! Ich freue mich über dich.

M.M.

26. September

Hege in deinem Herzen keinen Hass gegen irgendeinen Menschen, sondern weise ihn zurecht, damit du nicht seinetwegen Schuld auf dich lädst.

3. Mose 19, 17 (NLB)

Jemand war unfair zu mir. In meinem Herz arbeitet es. Ich denke: „Der Idiot! Der ist total hässlich und dumm! Ich konnte den noch nie leiden! Hoffentlich passiert ihm was Schlimmes!"

Stopp!

Gott sagt: „Geh zu ihm und sprich mit ihm. Sag ihm, was du nicht richtig findest. Aber verzichte auf Beleidigungen, Beschimpfungen und böse Wünsche. Sonst verhältst du dich genauso schlecht wie der, über den du dich ärgerst."

Gebet: Bitte gib mir Liebe ins Herz und die richtigen Worte in den Mund, wenn ich mich über andere ärgere. Amen.

J.N.

27. September

Als Jesus aus dem Boot stieg und die vielen Menschen sah, ergriff ihn tiefes Mitgefühl, denn sie waren wie Schafe, die keinen Hirten haben. Er nahm sich darum viel Zeit, sie zu lehren.

Markus 6, 34 (NGÜ)

Jesus hatte so ein großes Herz für die Menschen, denen er begegnete. Eigentlich wollte er mit seinen Jüngern an einen einsamen Ort fahren, um Ruhe zu finden. Doch die Menschen, die hilfesuchend, ratlos und voller Hoffnung vor ihm standen, berührten ihn so sehr, dass er bei ihnen blieb und ihnen gab, was sie suchten.

Mit der gleichen Leidenschaft und Hingabe will er uns auch heute begegnen. Wir müssen nicht umherirren ohne Orientierung, denn Jesus will uns führen, uns an der Hand nehmen und uns den Weg zeigen. Jesus hat auch ein großes Herz für dich!

M.N.

---

28. September

Jesus betet für seine Jünger: „Heiliger Vater, erhalte sie in der Gemeinschaft mit dir, damit sie untereinander eins werden, so wie wir eins sind.“

Johannes 14, 11b (HFA)

Als Jesus für die Einheit seiner Jünger betete, hatte er nicht nur die zwölf Jünger im Blick. Er dachte an alle Christen, die es einmal geben würde. Und die hatten in den vergangenen 2000 Jahren oft wenig Einigkeit. Vielleicht spürst du das auch manchmal in deiner Gemeinde. Jesus möchte, dass jeder, der an ihn glaubt, tiefe Gemeinschaft mit dem Vater hat und deshalb auch Einigkeit mit den anderen Glaubenden. Manches sehen wir unterschiedlich, aber in der Gemeinde spielen alle in derselben Mannschaft, nur auf unterschiedlichen Positionen, als Team gemeinsam für ein Ziel!

G.P.

29. September

Der Herr ist voll Liebe und Erbarmen, er hat Geduld, seine Güte kennt keine Grenzen. Der Herr ist gut zu allen, er erbarmt sich über alle seine Geschöpfe. Alle deine Geschöpfe sollen dich preisen, Herr, alle, die zu dir gehören, sollen dir danken!

Psalm 145, 8+9 (GN)

Brillant, du hast mich beim Namen genannt.
Brillant, hast mich schon immer gekannt.

Bevor ich meinte was zu wissen,
bevor ich weinte in mein Kissen,
bevor ich sang den ersten Ton,
da kanntest du mich lange schon.

Von ganzem Herzen will ich danken.
Von ganzem Herzen ohne Wanken.
Von ganzem Herzen lobe ich dich.
Du lässt dein Kind nicht im Stich.

S.R.

30. September

Der Vater des kranken Jungen sagte: „Wenn es dir möglich ist, etwas zu tun, dann hab Erbarmen mit uns und hilf uns!" „Wenn es dir möglich ist, fragst du?" entgegnete Jesus. „Für den, der glaubt, ist alles möglich." Da rief der Vater des Jungen: „Ich glaube, hilf mir heraus aus dem Unglauben!"

Markus 9, 22 (NGÜ)

Jesus wirbt um dein Vertrauen – und er kann beweisen, dass er dein Vertrauen verdient. Den Jungen hat er gesund gemacht. Jesus will dir helfen, ihm in schweren und aussichtslosen Situationen zu vertrauen. Komm mit deinen Fragen und Zweifeln zu ihm. Auch der Vater in dieser Geschichte hat zugegeben, dass es ihm schwer fiel, zu glauben.

Gebet: Jesus hilf mir, dir heute ganz zu vertrauen.

C.Sche.

1. Oktober

Die Zeit der Finsternis und der Hoffnungslosigkeit wird einmal ein Ende haben. Das Volk, das im Finstern wandelt, sieht ein großes Licht, und über denen, die da wohnen im finstern Lande, scheint es hell.

Jesaja 8, 23+9, 1 (HFA)

An manchen Plätzen dieser Welt ist es wirklich schwer zu leben: Es gibt nicht genug zu essen, es herrschen Krieg und Ungerechtigkeit. Ein normales Leben ist dort unmöglich. Menschen in dieser Situation haben keine Hoffnung mehr. Aber mit Jesus ist sogar Licht an diese Orte gekommen. Und wenn er eines Tages wiederkommt, dann wird es überhaupt keinen Hunger und keinen Krieg mehr geben. Bis dahin sind wir die Botschafter der Hoffnung. Kommt, wir beten heute für die Menschen, die an solchen Orten leben.

Gebet: Herr Jesus, hilf den Menschen an diesen dunkeln Plätzen, schicke ihnen Leute, die ihnen von dir erzählen und die mithelfen, die Situation zu verändern! Amen.

M.S.

---

2. Oktober

Ich sehe immer auf den Herrn. Er steht mir zur Seite, damit ich nicht falle. Darüber freue ich mich so sehr, dass ich es nicht für mich behalten kann. Bei dir, Herr, bin ich in Sicherheit.

Psalm 16,8+9 (HFA)

David, der diesen Psalm geschrieben hat, war jemand, der wusste, was es hieß, Angst zu haben oder in Gefahr zu sein. Er wusste ganz genau, wie sehr er auf die Hilfe Gottes angewiesen war und hat oft erlebt, dass Gott ihm beistand. Auch jeder von uns braucht Gott an seiner Seite!

Fasst euch an den Händen und bittet Gott gemeinsam um seine Hilfe für diesen Tag. Keiner von euch weiß, was an diesem Tag kommen wird. Aber ihr dürft sicher sein, dass Gott an eurer Seite ist. Was ihr heute erlebt, werdet ihr – wie David – dann auch nicht für euch behalten können.

B.J.

---

3. Oktober

Wenn du die Begabung hast, dich um andere, die es nötig haben, zu kümmern, sollst du es mit fröhlichem Herzen tun.

Römer 12, 8 (NLB)

Jeder hat andere Fähigkeiten. Und alle sind gleich wichtig. Vielleicht kannst du nicht gerade predigen oder heilen. Aber möglicherweise macht es dir Spaß, anderen zu helfen, die gerade Hilfe nötig haben: für die alte Nachbarin einzukaufen, für den kranken Herrn Müller den Hund auszuführen, der schüchternen Lina Mathe zu erklären, den stillen Tim zum Spielen einzuladen ... Auch damit kannst du etwas für Gott tun.

H.V.

---

4. Oktober

Legt die Früchte vor dem Herrn, eurem Gott, nieder, und betet ihn an! Freut euch mit euren Familien an allen Gaben, die der Herr euch geschenkt hat. Ladet zu eurem Fest auch die Leviten und Ausländer ein, die bei euch leben.

5. Mose 26, 10b-11 (HFA)

Ihr sitzt gerade alle beim Frühstück? Gut! Dann hört jetzt bitte mal kurz auf zu futtern. Auch Papa legt bitte die Zeitung auf die Seite. Und jetzt probiert jeder etwas vom Frühstücksteller seines linken Nachbarn – kurz gesagt: Teilt miteinander, was ihr habt!

Gottes Gaben sorgen dafür, dass wir morgens immer genug zu essen haben, aber wir sollen es teilen mit denen, die es nötiger haben als wir. Wie wäre es, nächstes Wochenende den Neuen aus deiner Klasse mal einzuladen und mit ihm deine Zeit zu teilen? Oder ihr grillt ein letztes Mal in diesem Sommer und ladet eine ausländische Familie aus der Nachbarschaft dazu ein?

C.Schn.

---

5. Oktober

Solange die Erde besteht, wird es Saat und Ernte geben, Kälte und Hitze, Sommer und Winter, Tag und Nacht.

1. Mose 8, 22 (NLB)

Danke, Vater im Himmel, dass du guten Boden, Regen und Sonne schenkst, damit nach der Saat die Ernte folgen kann. Ich danke dir von Herzen, dass ich in einem Land des Überflusses leben darf. Danke, dass ich mich von der Sonne wärmen lassen kann und dass auf die Hitze die Abkühlung folgt. Danke, Vater, dass du nach den Mühen des Tages die Ruhe und Erholung der Nacht schenkst und dass du nach der Dunkelheit der Nacht immer wieder einen neuen Tag machst, an dem das Leben erwacht und an dem du auf mich wartest. Amen.

G.P.

6. Oktober

Ich bin barmherzig und sorge auf der Erde für Recht und Gerechtigkeit. Wer dies verstanden hat, an dem habe ich, der Herr, Gefallen.

Jeremia 9, 23b (HFA)

Gerecht ist, was einem nach dem Gesetz rechtmäßig zusteht. Das ist eine gute Sache. Gott ist auch gerecht. Er steht zu dem, was er als richtig festgesetzt hat. Wenn es aber nur Gerechtigkeit gäbe, dann wäre es um uns Menschen schlecht bestellt. Wir machen nämlich immer wieder Fehler. Wenn wir dann bekämen, was uns nach dem Gesetz zusteht, hätten wir keine Chance vor Gott. Aber Gott ist auch barmherzig. Das heißt, er vergibt uns gerne unsere Schuld und nimmt uns in seine Arme.

A.K.

7. Oktober

In der darauffolgenden Zeit hielt David sich in den unzugänglichen Bergen der Wüste Sif versteckt. Er wusste genau, dass Saul ihn verfolgte, um ihn umzubringen. Eines Tages kam Jonathan zu ihm. Er ermutigte David, nicht aufzugeben, sondern auf die Hilfe Gottes zu vertrauen. „Hab keine Angst", redete er ihm zu, „mein Vater wird dich nicht finden! Eines Tages wirst du König über Israel sein, und ich bin dann dein Stellvertreter. Das weiß auch Saul, mein Vater." Danach schworen sie einander erneut ewige Treue.

1. Samuel 23, 14.18 (Auszüge) (HFA)

Davids Situation war zum Verzweifeln. Er war der zukünftige König und musste sich wie ein wildes Tier in den Bergen verstecken und in Höhlen leben. Wie gut, dass er einen Freund wie Jonathan hatte. Er suchte David und ermutigte ihn. Jonathan richtete Davids Blick auf Gott und erinnerte ihn an Gottes Versprechen. Das tat seinem Freund gut. Vielleicht kannst du heute auch jemandem ein Ermutiger sein. Halte mal die Augen auf, wer in einer schwierigen Situation ist und Hilfe gebrauchen könnte.

D.K.

8. Oktober

Freue dich nicht über das Unglück deines Feindes; juble nicht über seinen Sturz! Denn der Herr sieht alles, und Schadenfreude missfällt ihm.

Sprüche 24, 17+18a (HFA)

Stell dir vor, jemand macht dir das Leben schwer, ärgert dich, wann immer er kann, und freut sich, wenn es dir schlecht geht. Vielleicht redet er etwas Schlechtes und Unwahres über dich und sogar deine Freunde ziehen sich von dir zurück.

Ist es dann nicht nur gerecht, wenn er auch mal etwas Böses erlebt? Geschieht es ihm nicht recht, wenn es ihm dann auch mal schlecht geht? Hat er das dann nicht verdient?

Gebet: Lieber Vater, hilf mir bitte, die Menschen um mich herum so zu sehen, wie du sie siehst. Und hilf mir bitte, so über sie zu denken, wie es dir gefällt. Hilf mir, nicht schadenfroh zu sein. Danke, dass du es gut meinst mit allen Menschen. Danke, dass du dich um Gerechtigkeit kümmern willst und ich das nicht selber tun muss. Amen.

B.B.

9. Oktober

Der Herr segne euer Land mit kostbarem Regen vom Himmel und mit Quellwasser aus der Tiefe. Er segne euch mit den reichen Gaben, die das ganze Jahr über im Sonnenlicht wachsen. Er segne euch mit den herrlichsten Wäldern oben auf den uralten Bergen und Höhen. Er beschenke euch mit all den Schätzen und dem ganzen Reichtum, den die Erde hervorbringt.

5. Mose 33, 13-16 (HFA)

Vor kurzem berichtete mir ein Freund, dass an dem Ort, an dem er lebt, eine Dürre ausgebrochen ist. Dadurch starben nicht nur die Pflanzen, sondern auch Tiere. Natürlich betete ich zu Gott, denn Gott will uns segnen, wenn wir ihn darum bitten. Nach ein paar Tagen bekam ich die freudige Nachricht, dass Gott

Regen geschenkt hatte. Ich habe mich so gefreut über diese Gebetserhörung! Gott will uns segnen mit allem, was wir zum Leben brauchen.

S.B.

---

10. Oktober

Nichts, kein einziges Teil eures Körpers sollt ihr der Sünde als Werkzeug für das Böse zur Verfügung stellen. Dient vielmehr Gott mit allem, was ihr seid und habt. Weil ihr mit Christus gestorben seid und er euch ein neues Leben schenkte, sollt ihr jetzt Werkzeuge in Gottes Hand sein, damit er euch für seine Ziele einsetzen kann.

Römer 6, 13 (NLB)

Im Mittelalter lebte eine Frau namens Theresa von Avila. Sie schrieb Folgendes: „Christus hat keine anderen Hände als unsere Hände, um heute seine Arbeit zu tun. Er hat keine anderen Füße als unsere Füße, um Menschen seinen Weg zu führen. Er hat keine anderen Lippen als unsere Lippen, um den Menschen seine Botschaft zu verkündigen. Wir sind die einzige Bibel, die die Öffentlichkeit noch liest. Wir sind Gottes Botschaft, in Taten und Worten geschrieben."

Du hast Hände, du hast Füße und du hast Lippen. Lass dich von Gott gebrauchen!

W.D.

---

11. Oktober

Jesus sah den jungen Mann voller Liebe an: „Eins fehlt dir noch: Verkaufe alles, was du hast, und gib das Geld den Armen. Damit wirst du im Himmel einen Reichtum gewinnen, der niemals verloren geht. Und dann komm und folge mir nach!" Über diese Forderung war der Mann tief betroffen. Traurig ging er weg, denn er war sehr reich.

Markus 10, 21+22 (HFA)

Es ist schon ein starkes Stück, was hier von dem jungen Mann verlangt wird. Jesus fragt das nicht, weil er ihn ärgern will. Er war beeindruckt von dem Wunsch dieses Menschen, ihm zu folgen. Jesus mochte ihn, aber er merkte sofort, dass die Liebe des jungen Mannes zu ihm nicht so groß war, wie die zu seinem Geld. Darum stellt er ihn auf die Probe. Dem jungen Mann wird klar, dass er eine Wahl treffen muss: Jesus will an erster Stelle in seinem Leben stehen.

Gebet: Herr, zeig uns, wo wir in der Gefahr stehen, dich weniger lieb zu haben als die vielen schönen und guten Dinge in unserem Leben. Du sollst uns mehr wert sein als alles andere! Amen.

C.E.

---

12. Oktober

Wer sich von Gottes Geist bestimmen lässt, ist auf das ausgerichtet, was Gott will. Was der Geist will, bringt Leben und Frieden. Was die menschliche Natur will, bringt den Tod.

Römer 8, 5 (NGÜ)

So wie ein Fieberthermometer anzeigt, ob jemand gesund ist oder Fieber hat, so zeigt dieser Bibelvers an, ob das, was wir tun und wie wir handeln, von unserer egoistischen Wünschen bestimmt wird oder von Gottes Geist. Der Geist Gottes will uns helfen, dass Gutes, Positives und Frieden aus unserem Leben hervorkommen.

K.H.

13. Oktober

Egal, wo wir hinkommen, wir erzählen überall die gute Nachricht von dem neuen Leben mit Jesus. Das ist so, als ob einem ein richtig guter Duft in die Nase steigt.

2. Korinther 2, 14 (VB)

Mmh, riecht das gut, wenn wir die Wohnung betreten und der Geruch des Mittagessens in unsere Nase steigt und unseren hungrigen Magen erreicht. So ist das, wenn Menschen zum ersten Mal hören, dass sie ein ganz neues Leben beginnen können. Das ist die gute Nachricht von Jesus Christus. Er hat ein neues, ewiges Leben für uns ermöglicht. Seitdem er das getan hat, zieht dieser „gute Duft" durch die Welt und erreicht die hungrigen Herzen.

Für welchen Menschen willst du heute ein „guter Duft" sein?

A.J.

14. Oktober

Lerne den Herrn, den Gott deines Vaters, immer besser kennen! Gehorche ihm bereitwillig und mit ungeteiltem Herzen! Denn er sieht uns ins Herz und kennt unsere geheimsten Gedanken. Wenn du ihn suchst, lässt er sich von dir finden.

1. Chronik 28, 9 (GN)

Gott lädt uns ein, mit ihm eine echte Beziehung zu haben. Es soll zugehen wie zwischen zwei richtig guten Freunden: Freunde kennen einander. Sie wollen erfahren, was der Freund von einer Sache hält oder wie er sich verhalten würde. So ist es auch in der Beziehung zu Gott. Wir können ihn immer besser kennenlernen und er kennt uns. Allerdings kennt Gott uns Menschen durch und durch. Das Tolle ist: Er kennt uns sogar besser als wir uns selber kennen. Mir hat das schon oft geholfen, wenn ich nicht verstanden habe, was in mir vorgeht. Dann bitte ich Gott: „Herr, du kennst mich doch ganz und gar. Hilf mir, mich selber zu verstehen."

A.K.

15. Oktober

Erkennt doch: Ich allein bin Gott, und es gibt keinen außer mir. Ich ganz allein bestimme über Tod und Leben, über Krankheit und Gesundheit. Niemand kann euch meiner Macht entreißen.

5. Mose 32, 39 (HFA)

Das klingt erst einmal bedrückend. Einer bestimmt über mich. Über mein Leben und meinen Tod, über meine Krankheit und Gesundheit. Die gute Nachricht ist: Der eine, der das tut, ist unser wunderbarer und starker Gott. Er meint es immer gut mit mir. Er beschützt mich davor, dass niemand und nichts mir Tod und Krankheit bringen kann. Es liegt ganz in seiner Hand, was mit mir geschieht.

Gebet: Danke, mein Gott, dass ich ganz sicher wissen darf, dass du mich auch heute in der Hand hältst.

D.K.

16. Oktober

Wenn du deinem Diener und seiner Familie einen Segen gewährst, Gott, mein Herr, so ist es ein Segen für immer!

2. Samuel 7, 29 (NLB)

Mose wuchs im Palast des Pharao auf. Da hatte er bestimmt eine Menge Luxus. Aber als er ein Mann war, musste er eine Entscheidung treffen. Sollte er am Hof des Pharao bleiben oder sollte er mit Gott und seinem Volk gehen? Mose entschied sich, mit Gott zu gehen, obwohl es dem Volk Gottes zu dieser Zeit gar nicht gut ging. Er sah aber, da ist der Segen, der für immer bleibt. Von dem Haus und dem Luxus des Pharao ist heute nichts mehr da, aber wenn du bei Gott bist, bist du gesegnet für immer.

Jesus lädt dich ein: Komm, lebe mit mir. Was willst du tun?

A.Kn.

17. Oktober

Ein Schriftgelehrter fragte Jesus: „Welches ist das wichtigste von allen Geboten?“ Jesus antwortete: „Das wichtigste Gebot ist: ‚Höre Israel, der Herr, unser Gott, ist der alleinige Herr. Du sollst den Herrn, deinen Gott, lieben von ganzem Herzen, mit ganzer Hingabe, mit deinem ganzen Verstand und mit aller deiner Kraft!‘ An zweiter Stelle steht das Gebot: ‚Liebe deine Mitmenschen wie dich selbst!‘ Kein Gebot ist wichtiger als diese beiden.“

Markus 12, 28-31 (NGÜ)

Jesus sagt ganz klar: Die Nr.1 in eurem Leben soll alleine Gott sein. Wer ihn liebt, der tut es von ganzen Herzen; der gibt sich, seine Wünsche und Träume völlig an Gott hin; der denkt über Gott und seinen Willen nach und tut, was er sagt. Weil Gott jeden Menschen liebt, möchte er auch, dass wir einander lieben. Denn was wir einem anderen getan haben, das kommt bei Gott an.

Frage: Wie kannst du heute deine Liebe zu Gott und zu anderen Menschen ausdrücken?

S.L.

18. Oktober

Der Herr ist denen nahe, die verzweifelt sind, und rettet jeden, der alle Hoffnung verloren hat. Zwar bleiben auch dem, der treu zu Gott steht, Schmerz und Leid nicht erspart; doch aus allem befreit ihn der Herr!

Psalm 34, 19+20 (HFA)

Wenn der Schmetterling sich befreien möchte aus seinem Kokon, muss er durch ein winziges Loch ins Freie schlüpfen. Das ist unheimlich schwierig und erscheint fast unmöglich. Doch hilft man ihm und schneidet man ihm das Loch größer, so wird er verkrüppelt bleiben und seine Flügel werden sich nie entfalten können. Denn er muss durch dieses scheinbar zu kleine Loch: Es ist der

Weg der Natur, um Flüssigkeit vom Körper des Schmetterlings in seine Flügel zu befördern. Nur so kann er sie ausbreiten und fliegen, sobald er frei ist.

Manche Schwierigkeiten sind Hilfen von Gott, um uns auf das „Fliegen" vorzubereiten.

Manche Schwierigkeiten sind Möglichkeiten Gottes, uns seine Macht und Hilfe zu erweisen.

Manche Schwierigkeiten machen uns auch fähig, anderen in ähnlichen Schwierigkeiten beizustehen.

B.Min.

19. Oktober

Ihr sollt den Herrn, euren Gott, lieben und auf ihn hören! Lebt nach seinen Ordnungen, Weisungen und Geboten.

5. Mose 11, 1 (HFA)

Du bist mein Trainer, machst mich fit,
und ich lerne Schritt für Schritt,
Die Mannschaft lässt du nie im Stich,
Jesus, ich höre auf dich.

Auf dein Wort bleibe ich stehen,
auf dein Wort beginn ich zu gehen,
auf dein Wort stürme ich los,
ist die Angst auch manchmal groß.

Auf dein Wort mach ich 'nen Satz,
auf dein Wort geh ich vom Platz,
auf dein Wort beginnt der Kampf,
dann wird's auch kein Krampf.

(Stefan Rauch aus der CD „Dies ist der Anpfiff"

20. Oktober

Meine Kinder, kommt und hört mir zu! Ich will euch lehren, den Herrn ernst zu nehmen. Wollt ihr ein glückliches Leben führen und gute Tage erleben? Dann hütet eure Zunge vor bösen Worten und verbreitet keine Lügen! Wendet euch ab vom Bösen und tut Gutes. Bemüht euch, mit anderen in Frieden zu leben. Der Herr beschützt die, die das Rechte tun, und er wird ihre Hilferufe hören.

Psalm 34, 12-16 (NLB)

Eine kurze und knackige Anweisung zum glücklichen Leben. Wenn wir heute in unseren Schul-, Berufs-, und Familienalltag starten, wollen wir bewusst auf das achten, was wir sagen und versuchen, statt mit bösen Worten zu kontern, mit anderen in Frieden zu leben. Es lohnt sich, denn „der Herr beschützt die, die das Rechte tun und er wird ihre Hilferufe hören."

C.Sche.

21. Oktober

Gott spricht: Ich gieße Wasser auf das durstige Land und Ströme auf das ausgetrocknete Feld. Ja, ich gieße meinen Geist über euren Nachkommen aus, mit meinem Segen überschütte ich eure Kinder.

Jesaja 44,3 (HFA)

Manchmal, wenn es bei uns in der Familie hektisch zugeht und ich richtig viel zu erledigen habe, dann passiert es mir schon mal, dass ich vergesse, die Blumen zu gießen. Du kannst dir vorstellen, was dann passiert: Ziemlich schnell merkt man das den Pflanzen an, deren Blätter schlapp herabhängen. Wenn ich dann endlich mit der Kanne von Topf zu Topf gehe und Wasser auf die ausgetrocknete Erde gieße, kann ich sogar hören, wie die Erde das Wasser durstig in sich aufnimmt. Und die Pflanzen? Das Wasser gibt ihnen neue Kraft und sie richten sich wieder auf!

Genau diese Wirkung hat der Geist Gottes, den er gerade über die Kinder ausschütten will: Alles, was Gott an guten Dingen in dich hineingelegt hat, bringt sein Geist zum Wachsen und Blühen. Wie eine Blume ihre Blüten entfaltet, so bringt der Segen Gottes dein Leben zur vollen Entfaltung!

B.J.

---

22. Oktober

Herr, mein Gott! Du hast so viel für uns getan; niemand ist wie du! Deine Pläne, deine wunderbaren Taten – wenn ich sie alle aufzählen wollte, ich käme nie an ein Ende!

Psalm 40, 6 (GN)

Hier fließt David das Herz voller Dankbarkeit und Freude über. Er denkt an alles, was Gott für ihn getan hat, viel zu viel, als dass er es aufzählen könnte. Sich zu erinnern, macht uns nicht nur dankbar, sondern auch stark, weil es uns Gottes Liebe und Treue vor Augen führt. Also, wie wäre es, wenn ihr als Familie einmal anfangt aufzuzählen, was euch von den „wunderbaren Taten" Gottes in eurem Leben einfällt?

M.S.

---

23. Oktober

Jesus sagte zu seinen Jüngern: „Ich werde den Vater bitten, und er wird euch einen anderen Ratgeber geben, der euch nie verlassen wird. Es ist der Heilige Geist, der in alle Wahrheit führt."

Johannes 14, 16+17a (NLB)

Kennst du den Film „Kevin allein zu Haus"? Ein Junge wird von seinen Eltern zu Hause vergessen, als sie verreisen. Alleine im großen Haus. Ein Drama!

Jesus ist zurückgegangen zu Gott. „Himmelfahrt" nennen wir Christen das. Auf den ersten Blick eine Tragödie für die Jünger. Jesus lässt seine Jünger zwar zurück, doch er lässt sie nicht alleine. Er hat versprochen, dass er jemanden schickt, der sie immer an Jesus erinnert: den Heiligen Geist. Deshalb: Wenn du zu Jesus gehörst, bist du auch niemals alleine. Sein Heiliger Geist schenkt dir Mut. Er gibt dir Freude. Er tröstet dich. Er nimmt dir die Angst. Er ist da.

S.V.

24. Oktober

Der Herr ist treu in allem, was er sagt, er ist gnädig in allem, was er tut. Der Herr hält die fest, die hinfallen, und hilft denen auf, die zusammengebrochen sind.

Psalm 145, 13+14 (NLB)

Es gibt Tage, an denen habe ich das Gefühl, alles geht schief. Ich werde von Leuten, die ich mag, angemotzt. Ich motze selber diejenigen an, zu denen ich eigentlich nett sein wollte. Oder etwas, das ich mir so schön vorgestellt habe, ist total schiefgegangen. Auch das meint David, der den Psalm geschrieben hat, mit denen, die hingefallen oder zusammengebrochen sind.

Das Gute ist: Gott lässt uns nicht hängen. Er hilft uns, wieder aufzustehen und nach vorne zu schauen. Und das Beste: Wenn Gott das verspricht, dann hält er es auch.

H.V.

25. Oktober

Unser Gott ist im Himmel; alles, was ihm wohl gefällt, tut er.

Psalm 115, 3 (ELB)

Niemand von uns ist völlig frei in seinen Entscheidungen. Wenn du etwas Bestimmtes machen willst – zum Beispiel eine große Bergwanderung – musst du vieles bedenken: Habe ich genug Geld für diese Unternehmung? Sind die anderen aus der Familie damit einverstanden? Habe ich dafür genug Zeit und Kraft? Gott dagegen ist völlig frei in allen seinen Entscheidungen. Er kann einfach das tun, was ihm gefällt und er braucht nichts zu tun, was er nicht will.

A.K.

26. Oktober

Hätte ich in meinem Herzen böse Gedanken, dann hätte mein Herr mich nicht erhört. Aber Gott hat mich erhört! Er hat mein Gebet vernommen! Lobt Gott, der mein Gebet ernst nimmt und mir seine Gnade nicht entzogen hat.

Psalm 66, 18-20 (NLB)

Den kleinen Mike nimmt kaum einer ernst. Er kann nicht deutlich reden und ist obendrein immer noch im Kindergarten. Simone beachtet auch keiner, sie hat die Führerscheinprüfung schon wieder nicht bestanden. Viele Menschen sind einsam und werden nicht beachtet in unserer Welt.

Wenn sie laut oder überhörbar leise um Hilfe rufen, sollten sie sich an den wenden, der gerne zuhört und sie ganz ernst nimmt: Gott. Er kennt mich und damit auch mein Herz ganz genau. Er nimmt mich ernst und hilft mir, wenn ich ehrlich zu ihm bin. Darauf ist Verlass.

S.R.

---

27. Oktober

Befreunde dich nicht mit dem Jähzornigen, verkehre nicht mit einem Hitzkopf, damit du dich nicht an seine Pfade gewöhnst und dir eine Schlinge legst für dein Leben.

Sprüche 22, 24+25 (EÜ)

Hast du dich schon mal gefragt, wieso deine Freunde gerade deine Freunde sind? Welche Eigenschaften guckst du dir von ihnen ab? Manchmal wird man als Freund eines bewunderten Angebers selbst zu einem Angeber, weil man auch gerne wichtig sein möchte.

Denke daran: Bleibe du selbst und versuche nie, jemand anders zu sein! Das Nervige an Angebern und Hitzköpfen ist doch, dass sie fast immer nur an sich denken. Du bist ganz okay, so wie du bist. Du musst nicht alles mit- und nachmachen, was manche andere tun.

C.Schn.

28. Oktober

Erbarme dich über mich, o Gott, erbarme dich! Bei dir suche ich Zuflucht, bei dir bin ich geborgen wie ein Küken, das sich unter die Flügel seiner Mutter flüchtet, bis das Unwetter vorbeigezogen ist.

Psalm 57, 2 (HFA)

Als Kind hatte ich immer furchtbare Angst, wenn meine Eltern abends weggefahren sind. Dabei gab es gar keinen Grund dafür. Meine Brüder waren da, meine Oma wohnte bei uns und dennoch...

Ich konnte es keinem erklären, aber die Angst war schlimm, lähmte mich und an Schlaf war nicht zu denken. Eines Tages kam meine Mutter mit einem Bild in einem Bilderrahmen, das sie über mein Bett hängte. Auf dem Bild war eine große Hand zu sehen, in die sich ein Kind kuschelt. Sie sagte mir, dass ich immer, wenn ich Angst habe, an dieses Bild denken und mich daran erinnern soll, dass ich mich so in Gottes Hand kuscheln kann und darin sicher bin, auch wenn sie weg sind. Das hat mir geholfen.

Wenn mich wieder einmal die Angst zu überwältigen drohte, dachte ich an dieses Bild oder machte noch schnell einmal Licht an, um es mir anzusehen. Bei Gott sind wir sicher, egal wovor wir gerade Angst haben.

M.S.

29. Oktober

Jesus sagte: „Der Sohn kann nichts von sich selbst aus tun; er tut nur, was er den Vater tun sieht. Was immer der Vater tut, das tut auch der Sohn. Denn der Vater hat den Sohn lieb und zeigt ihm alles, was er tut. Ja, der Sohn wird noch viel größere Dinge tun, weil der Vater sie ihm zeigt – Dinge, über die ihr staunen werdet."

Johannes 5, 19+20 (HFA)

Wenn du Einsame besuchst,
wenn du Trauernde umarmst,
wenn du Hoffende erfüllst,
wenn du Arme beschenkst –
nimm mich mit.

Wenn du Mutige bewahrst,
wenn du Verzweifelte erlöst,
wenn du Glaubende bestärkst,
wenn du Liebende küsst –
nimm mich mit!

Wenn du Kleine liebkost,
wenn du Verbitterte berührst,
wenn du Behinderte verstehst,
wenn du Alte ehrst –
nimm mich mit!

Wenn du Ängstliche beschützt,
wenn du Misshandelte liebst,
wenn du Lachende befreist,
wenn du Zerbrochene heilst –
nimm mich mit!

Nimm mich mit, egal wohin du gehst.
Nimm mich mit, lass mich sehen, was du tust.
Nimm mich mit, ich will das Gleiche tun.
Nimm mich mit, nimm mich mit.

(Daniel Kallauch aus der CD „Nimm mich mit", © cap-music, 72221 Haiterbach-Beihingen)

---

30. Oktober

Der Herr breitete eine Wolke als Decke über sein Volk und gab ihnen ein großes Feuer, das die Finsternis erhellte. Sie baten um Fleisch, und er schickte ihnen Wachteln; mit Brot vom Himmel stillte er ihren Hunger. Er öffnete einen Felsen, und Wasser floss heraus, Bäche strömten in die trockene, unfruchtbare Wüste. All das tat er, damit sie seine Gebote hielten und seinen Gesetzen gehorchten.

Psalm 105, 39-41+45 (NLB)

Gott tut mir so viel Gutes: dass ich jeden Tag genug zu essen habe, dass ich Freunde habe, dass mir oft in brenzligen Situationen nichts Schlimmes zustößt und so weiter. Sicher fällt dir noch mehr ein, womit Gott dich den ganzen Tag über beschenkt. Und warum tut Gott das? Weil er uns liebt. Weil er die Beziehung zu uns sucht. Seine guten Taten sind seine Liebesbeweise an uns.

Ich habe Gott auch lieb. Aber wie kann ich ihm das zeigen? Zum Beispiel, indem ich das tue, wovon ich weiß, dass Gott es gut findet. So hat er sich das von seinem Volk gewünscht, damals in der Wüste. Und so wünscht er es sich heute auch noch von uns. Ich nehme mir heute vor, Gott zu zeigen, dass ich ihn lieb habe, indem ich die anderen, die ich treffe, so behandle, wie es zu Gott passt: freundlich, liebevoll, hilfsbereit.

H.V.

---

31. Oktober

Wie unerschöpflich ist Gottes Reichtum! Wie tief ist seine Weisheit, wie unermesslich sein Wissen! Wie unergründlich sind seine Entscheidungen, wie unerforschlich seine Wege!

Römer 11, 33 (NGÜ)

Kennst du so einen richtigen Schlaumeier? So einen, der einfach alles weiß? Er kann dir genau erklären, wie die Mathehausaufgaben gehen und er hat in jedem Vokabeltest eine 1. Er ist derjenige in eurem Team, der genau die Idee hat, die die Lösung eures Problems bringt. Es ist ein Typ, bei dem würdest du dich nicht wundern, wenn er mal einen Nobelpreis bekommt. Und dann gibt es andere, die sind nicht nur schlau, sondern zusätzlich auch noch weise. Sie verstehen die Menschen wirklich und können die großen Zusammenhänge sehen. Wenn solche Leute z.B. Bundespräsident werden, dann ist das ein Segen für ein Land.

Gott ist beides: unendlich klug und auch unendlich weise. Er weiß alles und hat einen unbegreiflichen Überblick über die Dinge. Wir bewundern dich, Gott! Wie kann man nur so klug sein?

A.K.

1. November

Du sorgst für die Erde und bewässerst sie, machst sie üppig und fruchtbar. Gottes Fluss führt Wasser im Überfluss. Du schenkst ihnen Getreide in Hülle und Fülle, denn so hast du es angeordnet. Du tränkst die Ackerfurchen mit Regen und weichst den Erdboden auf. Du schenkst der Erde fruchtbringenden Regen und segnest, was auf ihr wächst. Du krönst das Jahr mit reicher Ernte, die steinigen Wege fließen über vor Fülle.

Psalm 65, 10-12 (HFA)

Die Sonne brachte Wärme hinein in unser Grau,
vertrieb die Kälte und die Traurigkeit.
Wir lachten und wir sangen und spürten ganz genau:
Du tust uns gut in dieser schönen Zeit.

Der Regen ließ das wachsen, was fast vertrocknet war,
nach dürren Zeiten, leblos und erschlafft.
Was wir schon aufgegeben, das blühte wunderbar.
Du schenktest uns dazu die frische Kraft.

Du hast das Jahr gekrönt mit deinen Gaben,
hast unser Wachsen mit Liebe gelenkt.
Du gabst uns das, was wir benötigt haben.
Du hast uns wirklich reich beschenkt.

(Du hast das Jahr gekrönt. Text: Christoph Zehendner, Musik: Manfred Staiger © 1997 Kawohl Verlag, Wesel)

2. November

Ich sage euch: Ändert euer Leben von Grund auf! Geht gerecht und gut miteinander um.

Jeremia 7,5 (HFA)

Die Welt, in der wir leben, ist nicht perfekt. Da gibt es so vieles, was sich ändern müsste. Bestimmt könntest du auch einiges aufzählen, was dir in deinem täglichen Leben nicht gefällt und was sich ändern sollte. Der Schriftsteller Leo Tolstoi hat einmal gesagt: „Jeder denkt daran, die Welt zu verändern, aber niemand denkt daran, sich selbst zu verändern." Aber genau darum geht es bei dem Leben mit Jesus! Zu Jesus zu gehören bedeutet wirklich, dass sich mein Leben von Grund auf ändert! Schaffe ich es denn allein, dass ich gut und gerecht mit anderen umgehe? Nein! Aber Jesus hilft uns dabei, und dann geht es jeden Tag besser – auch heute!

B.J.

3. November

Gott bevorzugt niemanden.

Römer 2, 11 (NLB)

Für die ersten Christen war das kein einfacher Satz. Sie waren von ihrer Herkunft Juden und wussten: Wir sind das auserwählte Volk Gottes. Wir sind von Gott bevorzugt. Aber als Gott Jesus auf die Erde schickte, da weitete er seine Liebe zu den Menschen aus: Alle Menschen aus allen Völkern durften jetzt zu Gott kommen. Gott bevorzugt auch nicht kluge Leute oder reiche Menschen oder Männer oder Erwachsene. Alle dürfen zu ihm kommen: die Dicken und die Kleinen, die Großen und die Feinen.

A.K.

4. November

Alle Weisheit fängt damit an, dass wir ihn ernst nehmen. Wer sein Leben nach Gottes Geboten ausrichtet, der allein gewinnt Einsicht.

Psalm 111, 10 (HFA)

Stell dir vor, du bist ein Spezialist für Autos. Du kennst dich so gut damit aus, wie kein anderer. Ein Freund bittet dich um Rat, denn er will ein Auto kaufen. Du erklärst alles genau und gibst dir wirklich Mühe. Du willst nur das Beste für deinen Freund. Der verabschiedet sich, nimmt keinen deiner Ratschläge ernst und kauft sich ein Auto, das sich als echte Schrottkiste entpuppt. Das ist doch dumm, oder?

Gott will nur das Beste für dich. Deshalb ist es gut, seine Gebote zu beachten und ernst zu nehmen. Alles andere ist Dummheit.

D.K.

---

5. November

Herr, du hast mein Herz geprüft und weißt alles über mich. Wenn ich sitze oder wenn ich aufstehe, du weißt es. Du kennst alle meine Gedanken. Wenn ich gehe oder wenn ich ausruhe, du siehst es und bist mit allem, was ich tue, vertraut. Und du, Herr, weißt, was ich sagen möchte, noch bevor ich es ausspreche.

Psalm 139, 1-4 (NLB)

Ärzte haben die Möglichkeit, mit Röntgengeräten das Körperinnere eines Menschen anzuschauen. Sie können mit den Röntgenstrahlen sehen, ob Krankheiten oder Knochenbrüche vorliegen. Sie sehen, was wir mit bloßem Auge nicht sehen können.

Gott sieht noch mehr! Er kennt unsere Gedanken, unser Wünsche, unsere Gefühle, unser Innerstes – er kennt uns durch und durch! Das ist gut so. Wir sind nie allein. Der liebende Vater weiß immer, wo wir sind, was wir tun und was wir denken.

Gebet: Danke, Herr, dass du mich so gut kennst. Du kennst mich sogar besser als ich selber. Wenn ich mich selbst nicht verstehe, dann will ich dich fragen. Amen.

A.J.

6. November

Ich werde jubeln und mich freuen, weil mir der Herr geholfen hat. Aus tiefstem Herzen will ich zu ihm sagen: „Herr, keiner ist wie du! Du hilfst dem Schwachen gegen den Starken, du schützt den Wehrlosen und Armen vor dem, der ihn berauben will."

Psalm 35, 9+10 (GN)

„Na, da hast du ja noch mal Glück gehabt!" – Kennst du diesen Spruch? Manchmal sagt man das, wenn man nicht von einem Größeren verhauen wurde oder wenn das Fahrrad (oder auch das Knie) nach einem Sturz noch heile ist. Aber – ist das immer „...noch mal Glück gehabt"? Ich glaube nicht. Vielleicht müsste man statt „noch mal Glück gehabt" – „Einfach Gott gehabt!" sagen. Und nicht nur das. Wenn Gott dir hilft, dann sag ihm Danke dafür: „Danke Gott, du bist wirklich super. Keiner ist so wie du!"

W.D.

7. November

Salomo betete: „So hast du jetzt, Herr, mein Gott, deinen Knecht anstelle meines Vaters David zum König gemacht. Doch ich bin noch sehr jung und weiß nicht, wie ich mich als König verhalten soll. Verleih daher deinem Knecht ein hörendes Herz, damit er dein Volk zu regieren und das Gute vom Bösen zu unterscheiden versteht. Wer könnte sonst dieses mächtige Volk regieren?" Es gefiel dem Herrn, dass Salomo diese Bitte aussprach.

1. Könige 3, 7+9-10 (EÜ)

Salomo ist ungefähr 20 Jahre alt und in einer kniffligen Situation. Sein Vater David, der König, ist gestorben und jetzt wird er sein Nachfolger. Dabei ist er noch so jung. Da bittet er Gott, dass er ihm hilft, ein guter König zu sein. Salomo wünscht sich nicht als erstes, dass er reich, beliebt oder berühmt wird oder gesund bleibt. Salomo wünscht sich, dass Gott ihm gute Ideen schenkt und ihm hilft. Diese Bitte gefällt Gott und Salomo ist bis heute berühmt, weil er der klügste und weiseste König war, den Israel hatte.

Wenn wir eine schwere Aufgabe bekommen haben oder Verantwortung tragen, lasst uns Gott auch um Weisheit bitten, damit wir Gutes von Bösem unterscheiden können!

S.E.

---

8. November

Dir, Herr, will ich von ganzem Herzen danken, und erzählen will ich von deinen wunderbaren Taten. Ich freue mich über dich und juble dir zu. Ich singe und musiziere zu deiner Ehre, du höchster Gott!

Psalm 9, 2+3 (HFA)

Du bist der Held! Du bist der Champion!
Du bist der Held, der die Welt in seinen Händen hält!
Du bist der Held!

Heute ist ein Freudentag, alle singen laut!
Wir tanzen und wir lachen – alles wegen dir!
Jesus, du bist der Sieger, wir jubeln dir zu!

(Daniel Kallauch aus der CD „Du bist der Held", © cap-music, 72221 Haiterbach-Beihingen)

---

9. November

Herr, gegen dich haben wir gesündigt, wir bekennen dir unsere Schuld und die Schuld unserer Vorfahren.

Jeremia 14, 20 (HFA)

Der 9.November ist ein besonderer Tag. An diesem Tag fiel 1989 die Mauer, die Ost und West trennte. An diesem Tag wurde aber auch viele Jahrzehnte früher in unserem Land dem jüdischen Volk großes Unrecht angetan. Die Fenster von jüdischen Geschäften wurden eingeworfen, Häuser brannten und Menschen wurden gedemütigt. Es war der Beginn einer unendlich großen Schuld.

Gebet: Lieber Vater, das, was damals geschehen ist, war ein großes Unrecht gegen dein Volk. Danke, dass es kein Unrecht für dich gibt, was nicht vergeben werden könnte. Bitte hilf uns, aus den Fehlern unserer Vorfahren zu lernen. Amen.

D.K.

10. November

Glücklich ist, wer für die Armen sorgt. Wenn er in Not gerät, rettet ihn der Herr. Der Herr beschützt ihn und bewahrt sein Leben. Er lässt es ihm gut gehen und rettet ihn vor seinen Feinden. Der Herr stärkt ihn, wenn er krank ist, und hilft ihm wieder auf.

Psalm 41, 2-4 (NLB)

Gott freut sich, wenn wir uns um arme, schwache und benachteiligte Menschen kümmern. Aber er bleibt nicht bei der Freude darüber stehen, sondern, indem wir helfen, werden wir auch von ihm beschenkt. So wie wir uns um die Armen und Schwachen kümmern, kümmert sich Gott dann um uns und unsere Bedürfnisse und Sorgen. Er lässt sich nichts schenken; das, was wir geben, kehrt auch immer wieder zu uns zurück. Deshalb müssen wir keine Angst haben, zu kurz zu kommen, wenn wir etwas von unserem Geld, unserer Zeit und unserer Kraft abgeben.

Gibt es heute jemanden, der deine Hilfe braucht?

M.S.

11. November

Wer zwei Hemden hat, soll dem eins geben, der keines hat. Und wer etwas zu essen hat, soll es mit jemand teilen, der hungert.

Lukas 3, 11 (GN)

Martinsbrezel, der Mann auf dem Pferd, Lichterglanz des Laternenumzugs. Herrlich! Aber pusten wir mal den Staub von der Sage: Teilen ist nicht leicht! Es ist eine Herausforderung. Ein halber Mantel wärmt nicht mehr so gut. Und die eine von meinen zwei Lieblingsbarbies zu verschenken, heißt, nicht mehr ganz so gut spielen zu können. Teilen tut weh. Und wenn du Pech hast, erkennt der andere dies noch nicht einmal richtig an. Trotzdem: Lasst uns teilen, damit Licht in die Welt kommt!

B.L.

12. November

Herr, solange es Menschen gibt, bist du unsere Zuflucht! Ja, bevor die Berge geboren wurden, noch bevor Erde und Weltall unter Wehen entstanden, warst du, o Gott. Du bist ohne Anfang und Ende. Du lässt den Menschen wieder zu Staub werden. „Kehr zurück!", sprichst du zu ihm.

Psalm 90, 1-3 (HFA)

Gott war immer schon da und wird immer sein. Dagegen hat das Leben eines Menschen einen Anfang. Du bist entstanden, weil Gott es wollte: Aus dem Samen deines Vaters und einer Eizelle deiner Mutter hat er genau dich gemacht. Eines Tages wirst du alt und musst sterben. Dann wird dein Körper wieder zerfallen. Das ist keine schöne Vorstellung. Aber deine Seele, das was dich eigentlich ausmacht, darf zu Gott zurückkehren. Gott sagt: „Komm wieder Menschenkind. Bei mir im Himmel darfst du ewig leben."

A.K.

13. November

Durch die Taufe sind wir also mit Christus gestorben und begraben. Und wie Christus durch die Herrlichkeit und Macht seines Vaters von den Toten auferweckt wurde, so sollen auch wir ein neues Leben führen.

Römer 6, 4 (HFA)

Stell dir vor, du hast einen Fehler gemacht. Einen richtig schlimmen Fehler. Einen, den man nicht wiedergutmachen kann. Wenn so was passiert, dann schämt man sich und man fragt sich, wie einem so was Dummes passieren konnte. Es gibt Menschen, die ihr Leben ansehen und genau das entdecken: Ihr Leben ist wie ein einziger großer Fehler! Sie sind am Ende! Kannst du dir vorstellen, was das für eine Freude ist, wenn so einer hört: „Bei Jesus kannst du neu anfangen!"

Gibt es etwas in deinem Leben, wo du gern noch mal neu anfangen würdest?

S.W.

14. November

Lügen haben kurze Beine, die Wahrheit aber bleibt bestehen.

Sprüche 12, 19 (HFA)

Hast du schon mal versucht, ein Wettrennen mit jemandem zu machen, der sehr viel längere Beine hat als du? Du hast wahrscheinlich verloren, oder?

Das meint der Vers: Wenn wir lügen, werden wir nicht gut ins Ziel kommen. Über kurz oder lang kommt die Lüge raus und dann stehen wir dumm da.

Die Wahrheit zu sagen, bringt uns wirklich weiter.

M.D.

---

15. November

Der Herr denkt an uns und segnet uns. Er segnet, die den Herrn fürchten, die Kleinen und die Großen.

Psalm 115,12+13 (LUT84)

Gottesfurcht hat nicht in erster Linie mit Angst zu tun – obwohl es für Menschen wie Mose oder Jakob durchaus erschreckend war, Gott gegenüberzustehen! – , sondern damit, dass wir Gott mehr lieben als alles andere. Das kannst du als Kind tun, als Teenager, als Erwachsener und als Oma oder Opa – das Alter spielt dabei keine Rolle. Wenn wir Gott lieben und ihm mit Respekt und der Ehrfurcht begegnen, die ihm zusteht, dann verspricht er uns seinen Segen.

B.J.

---

16. November

Wie ein Hirsch nach frischem Wasser lechzt, so sehne ich mich nach dir mein Gott! Ich dürste nach Gott, nach dem wahren lebendigen Gott. Wann darf ich zu ihm kommen, wann darf ich ihn sehen?

Psalm 42, 2+3 (GN)

Mit Hirschen kenne ich mich nicht so gut aus, ich wohne in der Stadt, aber ich weiß genau, wie durstig man an diesen heißen Sommertagen sein kann. Wenn mir die Zunge schon fast am Gaumen klebt und ich nur noch denke: „Eis, Wasser, ich muss etwas trinken..."

Wäre es nicht toll, wenn solch eine Sehnsucht nach Gott auch in unserem Inneren zu finden wäre?

Gebet: Jesus, bewirke doch etwas in mir, dass meine Sehnsucht nach dir größer wird. Du bist es doch wert, solche Sehnsucht nach dir zu haben. Amen.

K.H.

---

17. November

Wer über die Fehler anderer hinwegsieht, gewinnt ihre Liebe; wer alte Fehler immer wieder ausgräbt, zerstört jede Freundschaft.

Sprüche 17, 9 (HFA)

Benutze den sogenannten „Gedankenstopp": Wenn dir die alten Fehler eines Freundes, deiner Eltern oder deiner Kinder wieder einfallen und sich in dir Ärger ausbreiten möchte, dann sage laut (falls grade niemand da ist) oder in Gedanken „Stopp! Stopp! Stopp! Wie mir der Herr vergeben hat, so vergebe auch ich. Jesus, hilf mir, nicht nachtragend zu sein!"

Freundschaften können so einfach besser gedeihen. Und du bist ja auch nicht fehlerfrei, oder?

B.Min.

18. November

Auf menschliche Hilfe kann man sich nicht verlassen. Mit Gottes Hilfe aber werden wir große Taten vollbringen.

Psalm 108, 13b+14a (NLB)

Gebet: Unser Vater, so oft schon wurden wir von anderen Menschen enttäuscht. Das nimmt uns immer sehr mit. Bitte hilf uns, heute nur von dir Hilfe zu erwarten. Du enttäuschst uns nicht. Mehr noch: Mit dir können wir Dinge tun, die wir allein nicht schaffen. Wir wollen nicht vergessen, dass du mit deiner Hilfe da bist. Vielen Dank. Amen.

A.J.

19. November

Ich, der Herr, sage: Ein Weiser soll nicht stolz sein auf seine Weisheit, der Starke nicht auf seinen Stärke und ein Reicher nicht auf seinen Reichtum. Nein, Grund zum Stolz hat nur, wer mich erkennt und begreift, dass ich der Herr bin.

Jeremia 9, 22+23a (HFA)

So mancher ist stolz auf seine gute Note, sein Ansehen in der Gemeinde oder auf seine neuen Schuhe von der Firma XY. Du kannst stolz darauf sein, ein Kind Gottes zu sein. Du brauchst keine besonderen Leistungen. Du weißt auch so: Du bist wertvoll. Nur wenn wir wertlos und klein wären, bräuchten wir Markennamen oder Beweise für unsere Leistung und Lob von anderen, um glücklich zu sein. Wir wissen: Gott liebt uns! Er hat uns wertvoll gemacht! Er ist unser Stolz.

P.M.

---

20. November

Gott will, dass die Menschen gut und gerecht miteinander umgehen; das ist ihm viel lieber als ihre Opfergaben.

Sprüche 21, 3 (HFA)

Im Alten Testament wird oft beklagt, dass die Gläubigen nur in den Tempel gingen und ihre Pflicht taten: Sie opferten Gott ein Tier oder gaben Geld. Aber ihr Leben war nicht von den Geboten Gottes bestimmt. Die Leute glaubten, mit den Opfergaben sei alles getan.

Gott möchte aber viel lieber unser Herz. Er will, dass wir gute Gedanken über ihn und über unsere Mitmenschen haben, dass wir ihn lieben und unseren Nächsten wie uns selbst. Wie geht es dir? Tust du auch manchmal deine christliche „Pflicht", indem du in der Bibel liest oder Geld spendest? Was ist mit deinem Herzen und deinen Taten? Kann man an deinem Leben sehen, dass du Gott dienst?

M.H.

---

21. November

Der Herr ist ein Gott, der alles weiß.

1. Samuel 2, 3b (NLB)

Kürzlich hatte ich meinen Schlüsselbund verloren. Es war ein sehr wichtiger Schlüsselbund und es war natürlich ärgerlich, dass er weg war. Verzweifelt suchte ich überall und stellte meine ganze Wohnung auf den Kopf. Doch dann fiel mir auf einmal ein: Gott weiß ja alles.

Ich betete und es flitzte ein kleiner Gedanke durch meinen Kopf, wo ich noch suchen könnte. Natürlich war der Schlüsselbund genau an dem Ort! Gott möchte uns heute helfen, denn er weiß alles.

S.B.

22. November

Halte dir Gottes große Kraft vor Augen! Er ist der beste Lehrer, den es gibt! Niemand schreibt ihm vor, was er zu tun hat. Keiner könnte zu ihm sagen: „Du hast Unrecht getan!" Schon immer haben die Menschen seine Taten besungen, nun preise auch du ihn.

Hiob 36, 22-24 (HFA)

Immer wieder passiert es mir, dass meine Frau oder ein guter Freund zu mir sagen: „Jetzt lass den Kopf doch nicht so hängen. Gut – es ist nicht alles toll, was du gerade erlebst, aber es könnte viel schlimmer sein. Danke Gott dafür, dass es dir so gut geht: Du bist gesund, du hast Menschen, die dich lieben und du hast heute schon gelacht. Also – sei fröhlich und sing ein Lied."

D.K.

23. November

Was die Zuhörer von Petrus hörten, traf sie ins Herz, und sie fragten ihn und die anderen Apostel: „Brüder, was sollen wir tun?" Petrus antwortete ihnen: „Kehrt euch ab von euren Sünden und wendet euch Gott zu. Lasst euch alle taufen im Namen von Jesus Christus zur Vergebung eurer Sünden. Dann werdet ihr die Gabe des Heiligen Geistes empfangen. Diese Zusage Gottes gilt euch und euren Kindern und auch denen, die fern von Gott sind – allen, die vom Herrn, unserem Gott, berufen werden."

Apostelgeschichte 2, 37-39 (NLB)

Petrus bringt seine lange Predigt hier in wenigen Sätzen auf den Punkt. Die Leute fragen ihn: Wie können wir zu Gott kommen? Und Petrus erklärt es noch mal: Wende dich von deinem alten Leben ab, bitte Gott um Vergebung deiner Schuld, werde getauft und empfange die Kraft Gottes. Vier Punkte sind das hier nur. Präge sie dir gut ein. Vielleicht fragt dich auch mal jemand, wie man Christ werden kann.

A.K.

24. November

Gott weiß alles! Er hat den Überblick! Er soll groß rauskommen durch Jesus Christus!

Römer 16, 25 (VB)

Stell dir vor, du steigst in ein Flugzeug, setzt dich auf deinen Platz, schnallst dich an – und auf einmal geht es los: Ihr rollt auf die Startbahn, die Maschine nimmt Geschwindigkeit auf, wird schneller und schneller –ganz steil steigt ihr in die Luft. Der restliche Flug über den Wolken ist genauso aufregend: Vorne an der Leinwand läuft ein Film, eine Stewardess bringt dir Saft, der Steward bringt ein leckeres Essen.

Auf einmal bekommst du einen Riesenschreck: Wenn die alle hier rumlaufen und dies und jenes machen: Wer fliegt denn die Maschine? Du siehst den Piloten nicht – aber es ist einer da. Er sitzt vorne und hat alles im Griff. Genau so ist es auch mit Gott. Wir können ihn nicht sehen, aber er ist da. Er hat den Überblick.

S.E.

25. November

Vor dir, Herr, kann ich nichts verbergen, prüfe meine geheimsten Gedanken und Gefühle! Deine Liebe habe ich ständig vor Augen, und deine Treue bestimmt mein Leben.

Psalm 26, 2+3 (HFA)

Eigentlich sollte ich dringend mal wieder meinen Kleiderschrank und meine Schreibtischschubladen ausmisten und neu ordnen. Ich mache das nicht gerne und verschiebe es immer wieder auf übermorgen. Es ist anstrengend. Oft scheint es einfacher zu sein, die Schranktür und die Schubladen einfach geschlossen zu lassen. Dann sehe ich die Unordnung nicht.

Gott weiß, wo in unserem Leben etwas nicht in Ordnung ist. Ihm können wir unsere Herzenstür öffnen. Weil er uns liebt und es gut mit uns meint, will er uns helfen, Dinge wieder ins Reine zu bringen. Räum doch heute mal auf. Danach ist es so viel einfacher für dich.

S.V.

26. November

Du, Herr, nimmst mich in Schutz. Du stellst meine Ehre wieder her und verhilfst mir zu meinem Recht. Ich schreie zum Herrn: Hilf mir doch! Er hört mich in seinem Heiligtum und antwortet mir.

Psalm 3, 4-5 (HFA)

Ich hatte eine Freundin, die ich immer wieder gerne nach der Schule besuchte. Eines Tages zeigte sie mir ein goldenes Kettchen, das sie geschenkt bekommen hatte. Ich bewunderte es gebührend, dann wurde es für mich Zeit zu gehen.

Einige Tage später traf ich sie zufällig auf der Straße. Sie war total sauer und beschuldigte mich, ihre Kette gestohlen zu haben. Ich war erschrocken und auch verletzt, dass sie so etwas von mir glaubte. Ich machte mir große Sorgen, dass sie anderen erzählen würde, ich sei eine Diebin und bat in meiner Verzweiflung Gott um Hilfe! Und tatsächlich, am nächsten Tag fand sich das Kettchen in der Sofaritze.

Es war ihr wirklich unangenehm, mich beschuldigt zu haben. Und ich war dankbar, dass Gott meinen Ruf gehört hatte und ich nicht mehr als Diebin da stand!

M.S.

27. November

Der Herr bewahrt alle, die ihn lieben, denn in seinen Augen ist ihr Leben wertvoll.

Psalm 116, 15 (HFA)

Mein Kind, aus Liebe sehe ich nichts,
was hässlich an dir sein soll,
kein Sand im Getriebe, kein Schatten im Licht,
für mich bist du einfach wertvoll!
Dein eigener Zweifel an deinem Wert
entspricht nicht der Wirklichkeit.
Deine Würde zu achten ist nicht verkehrt,
in dir steckt meine Herrlichkeit.
Ich seh deinen Wert, dein wirkliches Wesen.
Das, was dich ehrt, kann ich in dir lesen.
Ich kenne dein Herz, was auch geschieht,
Ich bin der Herr, der dich sieht.

(Martin Pepper aus der CD „Gesicht im Licht", © 2000 mc-peppersongs, Berlin)

---

28. November

Der Gott Jakobs ist mächtiger als diese Götter, er hat das Weltall geschaffen und Israel als Volk erwählt, das ihm allein gehört. „Herr der ganzen Welt" wird er genannt.

Jeremia 10,16 (HFA)

Was für einen großen mächtigen Gott wir haben! Achte heute einmal ganz besonders auf alles, was er geschaffen hat und danke ihm dafür, dem „Herrn der ganzen Welt"! Vielleicht hast du heute Zeit und kannst diesen Gedanken mal in ein Bild fassen: Nimm einen großen Zeichenkarton und zeichne, male und klebe auf, was Gott alles geschaffen hat. Welchen Titel gibst du deiner Collage?

B.J.

---

29. November

Herr, ich will dir danken vor den Völkern, vor allen Menschen will ich dir singen. Groß ist deine Güte! Sie reicht über den Himmel hinaus! Und wohin die Wolken auch ziehen: Überall ist deine Treue! Gott, zeige deine Größe, die den Himmel überragt; erweise deine Macht und Herrlichkeit auf der ganzen Welt!

Psalm 108, 4-6 (HFA)

Bist du hier, kannst du nicht dort sein. Ist dein Freund in Spanien, kann er nicht in Deutschland sein. Logisch! Doch Gott ist überall gleichzeitig! Das nennt man die „Allgegenwart Gottes". Vielleicht betet gerade ein Forscher im ewigen Eis der Antarktis zu Gott, gleichzeitig eine Frau in einem überfüllten Zug in Bombay und in derselben Minute sprichst du in einer deutschen Kleinstadt mit deinem Vater im Himmel. Gott ist mit seiner Größe und Treue an jedem dieser Orte.

A.J.

---

30. November

Der Vater befahl seinen Dienern: „Schnell, holt das beste Gewand und zieht es ihm an, steckt ihm einen Ring an den Finger und bringt ihm ein paar Sandalen. Holt das Mastkalb und schlachtet es; wir wollen ein Fest feiern und fröhlich sein. Denn mein Sohn war tot, und nun lebt er wieder; er war verloren, und nun ist er wiedergefunden." Und sie begannen zu feiern.

Lukas 15, 22-24 (NGÜ)

Lauf ich weg und versuch es wieder mal allein,
merk ich schnell unterwegs:
das kann es doch nicht sein.
Dreh mich um, will zurück zu dir,
überrascht stell ich fest:
du stehst schon hinter mir!

Ich lass mich in deine Arme fallen,
du hast schon gewartet, fängst mich auf.
Ich lass mich in deine Arme fallen,
bei dir bin ich sicher,
bei dir bin ich sicher und zu Haus.

(Daniel Kallauch aus der CD „Du bist der Vater", © cap-music, 72221 Haiterbach-Beihingen)

1. Dezember

Was für ein Gott! Sein Handeln ist vollkommen, und was er sagt, ist wahr. Er beschützt alle, die zu ihm flüchten. Gott allein ist der Herr über alles! Gibt es außer ihm noch einen, der so stark und unerschütterlich ist wie ein Fels?
Psalm 18, 31+32 (HFA)

Gebet: Gott, es gibt nichts, was dir nicht möglich ist. Du hilfst mir, wenn ich selbst nicht mehr weiterkomme. Du bist immer und überall da. Dir gebe ich die Ehre, dich lobe und preise ich, denn du alleine bist Gott. Ich brauche vor nichts und niemandem Angst zu haben, weil du größer bist als alles, was sonst noch existiert. Danke, dass ich zu dir gehören darf. Amen.
F.B.

2. Dezember

Gott gibt den Erschöpften neue Kraft, und die Schwachen macht er stark.
Jesaja 40, 29 (HFA)

Stell dir vor, du hast den ganzen Nachmittag mit vollem Einsatz Sport gemacht und jetzt bist du fix und fertig. Du willst nur noch alle Viere von dir strecken. Oder du hast in der Schule oder bei der Arbeit alles gegeben. Es war richtig anstrengend und mühsam. Nun bist du völlig ausgepowert.

Vielleicht erlebst du gerade eine Situation, in der du dich erschöpft oder schwach fühlst. Bei Gott darfst du einfach Pause machen, dich in seiner Nähe ausruhen.

Gott will dir neue Kraft geben: Er ist für dich da und hört dir zu, wenn du ihm deine Sorgen sagst. Er macht dir Mut, wenn du mutlos bist.
B.B./M.Kü.

3. Dezember

Im Leben eines Menschen wird es hell, wenn er anfängt, dein Wort zu verstehen. Wer bisher gedankenlos durchs Leben ging, der wird jetzt klug.

Psalm 119, 130 (HFA)

Hast du schon mal eine Lego- oder Playmobilanleitung benutzt, um danach zu bauen? Wir auch. Wir haben eine Feuerwehrwache mit der Anleitung aufgebaut. Die Anleitung war ziemlich wichtig, weil wir so wussten, welche Teile an welche Stellen gehörten.

Gott gibt uns auch eine Art Anleitung, wie man das Leben richtig gestalten kann. Diese Anleitung ist die Bibel. Dafür ist es wichtig, in der Bibel zu lesen, mit anderen darüber zu reden und natürlich auch dementsprechend zu leben. Es macht Spaß. Probier es einfach mal aus!

Übrigens – wusstest du, dass der Psalm 119 mit 176 Versen der längste Psalm der Bibel ist? Er ist eine Liebeserklärung von David an Gott und seine Gebote.

W.D.

---

4. Dezember

So spricht der Herr zu seinem Volk: „Stellt euch an die Straßen, und erkundigt euch, welchen Weg eure Vorfahren gegangen sind. Fragt nach dem richtigen Weg, und dann beschreitet ihn. So findet ihr Ruhe für euer Leben."

Jeremia 6, 16 (HFA)

Das Volk Israel ging gerne seine eigenen Wege. Und die führten es immer geradewegs ins Unglück. Da gibt ihnen Gott einen wichtigen Tipp: „Schaut doch, wie euer Volk gelebt hat, als es ihm gut ging. Es hat meine Gebote gehalten und war glücklich. Macht es euren Vorfahren nach!“

Auch wir können uns an Menschen orientieren, die fröhlich und zufrieden sind. Die mit Gott leben und ihm vertrauen. Das sind meistens nicht die wichtigen und berühmten Leute. Es ist verlockend, denen nachzueifern, die scheinbar so viel Erfolg haben. Aber gerade sie wenden sich so oft von Gott ab, weil sie glauben, alles im Griff zu haben. Wir wollen deren Leben als Vorbild nehmen, die ihr Glück in Gott gefunden haben. Wer ist das bei deinen Vorfahren oder Verwandten? Wer ist das in deiner Gemeinde?

C.E.

---

5. Dezember

Wer gerecht über die Menschen herrscht, wer voll Gottesfurcht herrscht, der ist wie das Licht am Morgen, wenn die Sonne aufstrahlt an einem Morgen ohne Wolken, der nach dem Regen grünes Gras aus der Erde hervorsprießen lässt.

2. Samuel 23, 3+4 (EÜ)

David hatte viele Könige von vielen Ländern kennen gelernt. Und Israel selbst hatte ja vor David den König Saul und nach David noch viele andere Könige. Einige waren gute Könige, an denen Gott Freude hatte und andere werden „böse“ genannt. Was unterschied sie von einander? Die einen wurden „gerecht“ genannt, weil sie darauf achteten, dass es ihren Untertanen gut ging. Die anderen waren schlechte Könige, weil sie darauf achteten, dass es ihnen selber gut ging. Das ist der Unterschied. Die guten Könige herrschen voll Gottesfurcht – und das heißt: Sie lieben Gott und ehren ihn. Auch wir sind wie Könige: Wir tragen Verantwortung für Aufgaben oder für andere Menschen. Wie „herrschst“ du?

S.E.

6. Dezember

Gott ist zuverlässig und gerecht in allem, was er tut; seinen Geboten kann man völlig vertrauen. Niemals verlieren sie ihre Gültigkeit, für alle Zeiten bleiben sie bestehen. Er hat sie gegeben, um uns seine Treue und Wahrhaftigkeit vor Augen zu führen.

Psalm 111, 7+8 (HFA)

Letztens hat mich jemand angelogen. Ich war sehr enttäuscht. Es fällt mir schwer, diesem Menschen noch etwas zu glauben. Kennst du das? Aber ich vertraue gerne jemandem, der das hält, was er verspricht. Gott ist so jemand. Wer sich auf seine Gebote verlässt, wird entdecken, dass man sich auf ihn verlassen kann. Für immer.

J.F.

7. Dezember

Immer wenn ihr jemandem helfen könnt, etwas Verlorenes zurückzubekommen, dann tut es! Verweigert niemandem eure Hilfe!

5. Mose 22, 3b (HFA)

Gestern rief ein Mann bei uns zu Hause an. Seine Tochter hatte im Schulbus einen Geldbeutel gefunden. Die Frage war, ob er nicht unserem Sohn gehöre. Mensch, das war eine Freude! Die Busfahrkarte, Geld und Ausweis waren noch drin. Jetzt geht bei uns die Diskussion los: Was kann man denn dem jungen Mädchen schenken? Die Freude ist doch so groß! Für Gott ist es selbstverständlich, dass wir Dinge zurückgeben, die wir finden. Alles andere wäre Diebstahl.

M.H.

8. Dezember

Jesus Christus und sonst niemand kann die Rettung bringen. Auf der ganzen Welt hat Gott keinen anderen Namen bekannt gemacht, durch den wir gerettet werden könnten.

Apostelgeschichte 4, 12 (GN)

Bei dem Wort Rettung denke ich sofort an „Leben retten". Vielleicht ist jemand in Not geraten bei einem Unfall in den Bergen, im Straßenverkehr, im Haushalt, in der Schule oder sonst irgendwo. Er braucht Hilfe zum Überleben. In so einem Notfall gibt es eine einzige Telefonnummer, die man anrufen kann und die uns Hilfe bringt, in Deutschland ist das die 112, in Österreich die 122 und in der Schweiz die 118.

Die Bibel erklärt uns, dass wir Menschen uns in einer ähnlichen Notsituation befinden, wenn es um unsere Beziehung zu Gott und um unser ewiges Leben geht. Wir brauchen Hilfe, um gerettet zu werden. Zum Glück hat uns Gott gesagt, welchen Namen wir anrufen dürfen: den Namen Jesus Christus.

K.H.

---

9. Dezember

Nur eine Bitte habe ich an den Herrn, das ist mein Herzenswunsch: Mein ganzes Leben lang möchte ich in seinem Haus bleiben, um dort seine Freundlichkeit zu schauen und seinen Tempel zu bewundern.

Psalm 27, 4 (GN)

Je näher du Gott bist, desto mehr merkst du, dass Gott zu dir sagt: Du bist gewollt, geliebt, geschützt und gesandt. Ist das nicht ein Grund, immer wieder in seiner Nähe sein zu wollen? Das kann man natürlich am besten in der Gemeinde und in Gottes Haus erleben, weil man da nicht alleine ist und andere einem helfen zu glauben, dass Gott mich wirklich liebt und diese „4 Gs" zutreffen.

E.H.

10. Dezember

Die Väter erzählen ihren Kindern, dass du treu bist und deine Versprechen hältst.

Jesaja 38, 19b (HFA)

Es spricht sich schnell herum, wenn etwas gut ist. Innerhalb kürzester Zeit wissen alle davon und empfehlen es weiter. Das ist mit Sonderangeboten so, mit guten Kontakten, mit Filmen und mit guten Restaurants.

Aber noch viel mehr als diese guten Tipps brauchen die Menschen Gott. Deshalb ist es unsere Aufgabe, möglichst vielen Menschen zu erzählen, dass Gott gut und treu ist – und dass er hält, was er verspricht.

A.J.

11. Dezember

Der Herr ist gütig und gerecht, voll Erbarmen ist unser Gott. Der Herr schützt alle, die sich nicht helfen können. Ich war schwach und er hat mir geholfen. Nun kann ich wieder zur Ruhe kommen, denn der Herr ist gut zu mir gewesen.

Psalm 116, 5-7 (GN)

In manchen Wochen, Monaten und Jahren plätschert das Leben schön vor sich hin. Eigentlich passiert nichts Aufregendes. Aber dann bringen aufregende Ereignisse oder auch unsere eigene Gleichgültigkeit unser Herz in Unruhe. Wir fühlen uns dann überhaupt nicht mehr wohl, haben viele Fragen und Zweifel. Wenn wir diese Schwäche und Unruhe vor Gott zugeben, erbarmt er sich gerne über uns. Er hat dich und mich so lieb, ist voller Barmherzigkeit und Sanftmut. Dann können wir wieder ruhig werden wie ein gerade gestilltes Kind.

A.K.

12. Dezember

Der Herr hat mir Kraft gegeben und mich froh gemacht; nun kann ich wieder singen. Er hat mich gerettet! Er ist

mein Gott und ich will ihn preisen! Er ist der Gott meines Vaters, ihn allein will ich ehren. Der Herr ist ein mächtiger Kämpfer; sein Name ist „der Herr".

2. Mose 15, 2+3 (HFA)

Hast du schon einmal versucht zu singen, wenn du krank oder traurig bist? Entweder klingt es dann wie das Gekrächze eines Raben oder wie das Gejaule einer Katze, die ihren Schwanz eingeklemmt hat. Heute darf ich mich wieder daran erinnern, dass mein Gott mir geholfen und mich gerettet hat. Dann kann ich fröhlich und schön singen, wie ein Vogel, der an einem sonnigen Tag im Mai einen frischen Wurm erwischt hat. Der Winter ist endgültig vorbei! Wo hat Gott dir geholfen?

D.K.

---

13. Dezember

Herr, der ganze Himmel preist deine Wunder, die Schar deiner heiligen Engel lobt dich für deine Treue. Denn wer im ganzen Himmel kommt dem Herrn gleich? Welcher noch so mächtige Engel ist wie er? In der himmlischen Versammlung der Engel ist Gott gefürchtet. Ehrfurcht erfüllt alle, die dich umgeben.

Psalm 89, 6-8 (NLB)

Alle Wesen im Himmel loben Gott. Die Engel wissen: Es gibt niemanden, der höher und mächtiger ist als unser Gott. Sie sehen und erleben, wie Gott alles erfüllt.

Eines Tages werden wir mit ihnen Gott loben. Kannst du dir das vorstellen? Bis dahin aber loben wir Gott mit Herz und Mund schon hier auf der Erde. Kennst du dieses alte Lied? S.L.

Gott ist gegenwärtig, dem die Cherubinen
Tag und Nacht gebücket dienen.
Heilig, heilig, heilig! Singen ihm zur Ehre
Aller Engel hohe Chöre.
Herr, vernimm unsere Stimm,
da auch wir Geringen
unsre Opfer bringen.

(Gerhard Tersteegen 1729)

14. Dezember

Steht auf und lobt den Herrn, euren Gott, der von Ewigkeit zu Ewigkeit lebt! Gepriesen sei dein herrlicher Name! Er ist größer, als wir es mit unserem Lobpreis ausdrücken können.

Nehemia 9, 5 (NLB)

Hast du schon einmal darüber nachgedacht, wie und wann Gott zu existieren begann?

Wir können es mit unserem Verstand nicht begreifen, dass es keinen Anfang gab. Gott war immer schon da und er wird auch immer sein. Das bedeutet „von Ewigkeit zu Ewigkeit".

Das reißt mich vom Hocker und ich will aufstehen, wenn ich Gott lobe. Ein kleines Zeichen, dass ich ihm die Ehre gebe.

A.Lx.

15. Dezember

Denn er hat seinen Engeln befohlen, dass sie dich behüten auf allen deinen Wegen, dass sie dich auf den Händen tragen und du deinen Fuß nicht an einen Stein stoßest.

Psalm 91, 11+12 (LUT84)

Ich entdecke sie überall: An der Kasse des Blumenladens liegen sie und räkelnd sich niedlich auf der Ladentheke, im Buchladen kann man sie als Lesezeichen, auf Postkarten und in schönen Kartons kaufen, auf Plakatwänden sieht man sie die Menschen vor Unfällen bewahren: Schutzengel sind in Mode!

Aber ich wünschte, die Menschen würden auch alle verstehen, wie sehr Gott sie liebt, dass er es ist, der sie mit solchen Wesen umgibt, um sie vor Unheil zu bewahren.

Gebet: Vater, wir danken dir, dass wir uns sicher und geborgen fühlen dürfen, weil deine Engel uns bewachen und beschützen. Amen.

B.L.

16. Dezember

Jubelt über den Herrn, alle, die ihr zu ihm gehört! Preist ihn, denn das ist eure schönste Aufgabe! Dankt dem Herrn auf der Zither und spielt für ihn auf der Harfe! Singt ihm ein neues Lied! Schlagt in die Saiten, so gut und so laut ihr könnt! Denn was der Herr sagt, das meint er auch so, und auf das, was er tut, kann man sich verlassen.

Psalm 33, 1-4 (HFA)

Wenn du auch zu Gott gehörst, dann sollst du ihm danken, ihm Lieder singen und ihm zujubeln. Das ist unsere Aufgabe, so wie eine Hausaufgabe aus der Schule. Nur wird sie nicht benotet, sondern – viel besser – belohnt! Die Belohnung besteht darin, dass wir durch das Loben ganz eng mit Gott verbunden sind. Das ist ein schönes Gefühl.

Kennst du ein Lied, mit dem du Gott loben und erfreuen kannst? Dann sing es ihm heute, am besten immer wieder. Und wenn du ein Musikinstrument hast, dann spiele Gott zu Ehren darauf.

G.L.

17. Dezember

Du bereitest vor mir einen Tisch im Angesicht meiner Feinde. Du salbest mein Haupt mit Öl und schenkest mir voll ein. Gutes und Barmherzigkeit werden mir folgen mein Leben lang, und ich werde bleiben im Hause des Herrn immerdar.

Psalm 23, 5+6 (LUT84)

Bin jederzeit willkommen – bei dir
darf in deinem Haus wohnen – bei dir,
es wird mir nichts fehlen, bin ich – bei dir,
mehr als genug bekomme ich nur – bei dir.

Bei dir, bei dir, am liebsten bin ich bei dir!
Bei dir, bei dir, immer nur bei dir!

Deine Liebe umzingelt mich,
deine Liebe hüllt mich ein.
Deine Liebe – meine Lebensluft,
ich atme deine Liebe ein.

18. Dezember

Herr, mein Gott, wie mächtig bist du! Keiner ist dir gleich. Nach allem, was wir gehört haben, sind wir überzeugt: Es gibt keinen Gott außer dir.

2. Samuel 7, 22 (HFA)

Gebet: Du alleine bist Gott! Du bist der Herrscher des gesamten Universums! Alles ist von dir und durch dich geschaffen, vom kleinen Sandkorn bis hin zum größten Berg. Darum bete ich dich an und gebe dir allein die Ehre. Niemand anders ist es wert, angebetet zu werden. Alle Engel beugen sich vor dir und auch alle bösen Mächte müssen anerkennen, dass du der Herr bist. Du bist so stark! Amen. F.B.

19. Dezember

Alle, die an Jesus glaubten, hielten fest zusammen und teilten alles miteinander, was sie besaßen. Sie verkauften sogar Grundstücke und sonstigen Besitz und verteilten den Erlös entsprechend den Bedürfnissen an alle, die in Not waren.

Apostelgeschichte 2, 44+45 (NGÜ)

Dein Klassenkamerad hat sein Frühstück vergessen. Bist du bereit zu teilen? Du hast dann weniger von deinem leckeren Pausenbrot. Würdest du trotzdem etwas abgeben wollen? Im Fitnessstudio hat deine Bekannte keine Wasserflasche dabei. Denkst du dir: „Da hat sie aber Pech gehabt!" oder teilst du dein Wasser?

Pausenbrot und Wasser sind nur Kleinigkeiten, aber auch sie zeigen etwas von unserer inneren Haltung. Für die Christen in der ersten Gemeinde in Jerusalem ging es ans Eingemachte.

Damals haben Menschen sogar eigenen Besitz für andere verkauft. Und so war jeder versorgt und hatte genug. Damit zeigten sie sich, dass sie zusammengehörten und sich lieb hatten, alle, die an Jesus glaubten.

Probier es mal aus: Teilen macht nicht arm, Teilen macht froh und verbindet.

B.B./M.Kü.

20. Dezember

Ich aber bete zu dir, Herr! Jetzt ist die Zeit gekommen, in der du mich erhören wirst! Antworte mir! Du hast so viel Gutes für mich bereit! Ich rechne fest mit deiner Hilfe.

Psalm 69, 14 (HFA)

David geht es richtig schlecht. Er hat viele Feinde. Menschen wollen ihn fertigmachen. Man lästert über ihn und redet hinter seinem Rücken. Er weiß nicht mehr weiter. Was soll er bloß tun? Wer kann ihm helfen? Manchmal sitzen wir auch so im Dunkeln, oder? –Gott kann helfen! Es gibt ein Licht am Ende des Tunnels. David weiß das. Er rechnet fest mit Gottes Hilfe. Deshalb betet er zu seinem Gott und spricht laut sein Vertrauen aus.

J.F.

21. Dezember

Wer aber Gottes Sohn nicht als Herrn anerkennen will, der verachtet auch die Herrschaft des Vaters, der ja den Sohn gesandt hat.

Johannes 5, 23b (HFA)

Viele glauben, dass es einen Gott gibt. Aber warum glauben wir an Jesus? Weil Jesus der Sohn Gottes ist. Jesus hat uns die Schuld vergeben. Nur er bringt uns in den Himmel. Wir sollten mit Menschen anderen Glaubens darüber ins Gespräch kommen. Jesus selbst sagt: „Niemand kommt zum Vater, als nur durch mich." In liebevollen Begegnungen können wir deutlich machen: Nur wer an Jesus Christus glaubt, glaubt an den Gott der Bibel.

M.H.

22. Dezember

Der Engel kam zu Maria und sagte: „Sei gegrüßt, Maria, der Herr ist mit dir; er hat dich zu Großem ausersehen!" Maria erschrak über diesen Gruß und überlegte, was er bedeuten sollte. Da sagte der Engel zu ihr: „Hab keine Angst, du hast Gnade bei Gott gefunden! Du wirst schwanger werden und einen Sohn gebären. Dem sollst du den Namen Jesus geben."

Matthäus 1, 28-31 (GN)

Welch einen großen Auftrag bekommt Maria. Von außen betrachtet ist das für eine so junge Frau keine leichte Aufgabe. Sie war nicht verheiratet und sollte den Sohn Gottes zur Welt bringen. Doch Maria begriff sehr schnell: Hier geschieht etwas ganz Besonderes. Der Heiland, auf den die Juden so sehnsüchtig warteten, sollte geboren werden – und sie sollte seine Mutter sein. Obwohl sie bestimmt auch ein wenig Angst vor der Aufgabe hatte, war die Freude riesengroß! Jesus kam auf die Welt. Das feiern wir!

C.E.

23. Dezember

Joseph nahm sich vor, die Verlobung aufzulösen, wollte es jedoch heimlich tun, um Maria nicht bloßzustellen. Während er sich noch mit dem Gedanken trug, erschien ihm im Traum ein Engel des Herrn und sagte zu ihm: „Joseph, Sohn Davids, zögere nicht, Maria als deine Frau zu dir zu nehmen! Denn das Kind, das sie erwartet, ist vom Heiligen Geist."

Matthäus 1, 19+20 (NGÜ)

Wie gut, dass Gott hier aufgepasst hat. Er wusste, was in Josef vorging. Dass er das alles nicht verstand und doch die Dinge richtig machen wollte. Gott hat eingegriffen, zu ihm geredet, ihm erklärt, was geschehen war und ihm gesagt, was er tun sollte. Das war für Gott gar kein Problem. Josef hat Gott dann einfach gehorcht – wie gut! Willst du dich auch von Gott leiten lassen? Bitte ihn, dir den Weg zu zeigen, wenn du Fragen oder Zweifel hast.

Jederzeit kannst du sagen: Vater im Himmel, leite mich auf deinem Weg!

A.Kn.

24. Dezember

Ein Kind ist uns geboren, ein Sohn uns gegeben, und die Herrschaft ruht auf seiner Schulter; und man nennt seinen Namen: Wunderbarer Ratgeber, starker Gott, Vater der Ewigkeit, Fürst des Friedens.

Jesaja 9, 5 (ELB)

Happy Birthday, Jesus!

Vor vielen tausend Jahren ist es passiert und seitdem ist die Welt nicht mehr dieselbe. Als kleines Kind ist Jesus geboren worden, aber von Anfang an war klar, dass er der Herr der ganzen Welt ist. Gott, der Vater, hat ihm alle Macht im Himmel und auf der Erde gegeben. Jesus hat wunderschöne Namen, die uns alle sagen, dass er wirklich Gott war und ist. Er war nicht nur ein Mensch, sondern Gott zu Besuch auf unserer Welt. Danke, dass du gekommen bist, Jesus!

T.K.

25. Dezember

Und als die Engel von ihnen gen Himmel fuhren, sprachen die Hirten untereinander: Lasst uns nun gehen nach Bethlehem und die Geschichte sehen, die da geschehen ist, die uns der Herr kundgetan hat. Und sie kamen eilend und fanden beide, Maria und Josef, dazu das Kind in der Krippe liegen. Als sie es aber gesehen hatten, breiteten sie das Wort aus, das zu ihnen von diesem Kinde gesagt war. Und alle, vor die es kam, wunderten sich über das, was ihnen die Hirten gesagt hatten.

Lukas 2, 15-18 (LUT84)

2000 Jahre, seitdem Gott zu uns kam.
2000 Jahre, seitdem nimmt er uns an.
2000 Jahre, seitdem tagtäglich gilt:
2000 Jahre – Ich bin da für diese Welt.

Gottes Augen sehen uns, Gottes Ohren hören uns,
Gottes Hände halten uns, bis zum Ende der Zeit.
Gottes Sohn, er kam zu uns, Gottes Liebe, sie gilt uns,
Gottes Hände halten uns, bis zum Ende der Zeit.

(Daniel Kallauch © cap-music, 72221 Haiterbach-Beihingen)

26. Dezember

Er, der das Wort ist, wurde ein Mensch von Fleisch und Blut und lebte unter uns. Wir sahen seine Herrlichkeit voller Gnade und Wahrheit, wie nur er als der einzige Sohn sie besitzt, er, der vom Vater kommt.

Johannes 1, 14 (NGÜ)

Jeder möchte, dass das Weihnachtsfest besonders schön und festlich gefeiert wird. Wir versuchen, freundlich zu sein und beschenken einander. Hast du daran gedacht, dass eigentlich jedes Geschenk, das wir bekommen, uns an das große Liebesgeschenk des Vaters im Himmel erinnern könnte? Er beschenkte uns mit seinem Sohn Jesus. Er ist das Beste, was Gott hat und er ist das kostbarste „Weihnachtsgeschenk" für dich und mich.

Frage: Warum ist Jesus wie ein Weihnachtsgeschenk?

S.L.

27. Dezember

Die Sterndeuter gingen in das Haus und fanden das Kind mit seiner Mutter Maria. Da warfen sie sich vor ihm zu Boden und ehrten es als König. Dann holten sie die Schätze hervor, die sie mitgebracht hatten, und legten sie vor ihm nieder: Gold, Weihrauch und Myrrhe.

Matthäus 2, 11 (GN)

Der König ist da! Was würdet du ihm schenken, wenn du vor ihm stehen würdest? Überlege mal kurz, was du ihm geben könntest! Das Kostbarste, was du ihm geben kannst, ist dein Leben. Du kannst so beten: Jesus, ich will dir gehören, will hören, was du mir sagst und tun, was du mir zeigst. Du sollst Herr in meinem Leben sein und nicht ich. Amen.

F.B.

28. Dezember

In Jerusalem lebte ein Mann namens Simeon. Simeon war vom Heiligen Geist erfüllt und wartete sehnsüchtig auf die Ankunft des Christus, der Israel Trost und Rettung bringen sollte. Der Heilige Geist hatte ihm offenbart, dass er nicht sterben würde, bevor er den vom Herrn gesandten Christus gesehen hätte. An diesem Tag führte der Heilige Geist ihn in den Tempel. Als Maria und Josef kamen, um das Kind dem Herrn zu weihen, wie es im Gesetz vorgeschrieben ist, war Simeon dort. Er nahm das Kind auf seine Arme und lobte Gott und sagte: „Herr, nun kann ich in Frieden sterben! Wie du es mir versprochen hast, habe ich den Retter gesehen, den du allen Menschen geschenkt hast."

Lukas 2, 25-31 (HFA)

Simeon wollte in seinem Leben nichts sehnlicher als einmal Jesus Christus begegnen. Damals wünschte er sich über alles, dass der Retter der Welt endlich geboren würde und er ihn begrüßen könnte. Simeon dachte: „Einmal Weihnachten und dann sterben". Für Simeon war Jesus das schönste Geschenk, das er jemals bekommen hatte. Was ist das Besondere an Jesus, dem Weihnachtsgeschenk Gottes an uns? Er ist der Retter, er ist der Tröster, er ist ein treuer Freund, er bringt uns Frieden, er ist bei uns, wenn es uns schlecht geht und er kümmert sich um uns, wenn wir Sorgen haben. Er ist das Beste, was uns je passiert ist.

Gebet: Lieber himmlischer Vater, danke noch mal für alle Geschenke, die ich an Weihnachten bekommen habe. Danke für alles Gute und für alle Freude! Aber vor allem möchte ich Dir auch dafür danken, dass Du mein Freund bist. Du willst bei mir sein. Amen.
S.E.

---

29. Dezember

Christus kam in seine Welt, aber die Menschen nahmen ihn nicht auf. Die ihn aber aufnahmen und an ihn glaubten, denen gab er das Recht, Kinder Gottes zu sein.
Johannes 1, 11+12 (HFA)

Gebet: Danke Herr Jesus, dass du vom Himmel herabgekommen bist zu uns Menschen. Auch wegen mir. Du hast mich so sehr lieb. Deshalb möchte ich dir meine Herzenstür aufmachen. Trete ein. Du sollst in meinem Leben Platz bekommen. Du interessierst dich für mich und willst mir nahe sein. Danke, dass ich mich dein Kind nennen darf und zu deiner Familie gehöre. Amen.
S.V.

---

30. Dezember

Gottes Sohn wurde Mensch und lebte unter uns Menschen. Wir selbst haben seine göttliche Herrlichkeit gesehen, wie sie Gott nur seinem einzigen Sohn gibt. In Christus sind Gottes Barmherzigkeit und Liebe wirklich zu uns gekommen.
Johannes 1, 14 (HFA)

Seine Herrlichkeit? Ein Kind, das in die Windeln macht? Geboren in einem dreckigen Stall? Ein Mann, gefoltert und hingerichtet? Wo ist denn da die Herrlichkeit? Nur unser Herz kann die Herrlichkeit sehen.

Wir glauben: Es ist Gott, der da mitten in unserem Leid ist. Wir brauchen nicht nach oben zu schauen. Seine Herrlichkeit ist vor unseren Füßen, in unserem Alltag. Musst du heute etwas Unangenehmes tun? Aufräumen? Hausarbeit? Pflichtbesuche? Denk gerade dann: Gott ist jetzt bei dir. Dann kommt Weihnachten in deinen Alltag.

P.M.

---

31. Dezember

Glücklich sind die Menschen, die in dir ihre Stärke finden und von Herzen dir nachfolgen. Wenn sie das Tal der Tränen durchqueren, wird es ihnen zu einem Ort erfrischender Quellen und der Frühregen bedeckt es mit Segen. So bekommen sie immer wieder neue Kraft und erscheinen in Jerusalem vor Gott.

Psalm 84, 6-8 (NLB)

„Was nicht tötet, härtet ab!" sagt ein Sprichwort. Was uns nicht umbringt, härtet aber nicht nur ab – es macht uns hart – anderen und uns selbst gegenüber.

Wie wohltuend sind dagegen Gottes Worte: Wer Schmerz und Trauer erlebt hat, wird von Gott höchstpersönlich getröstet und aufgerichtet. In Zeiten der Trauer kann unser Vertrauen zu Gott wachsen. Wir erleben Gott in schwierigen Zeiten auf eine ganz besondere Art und Weise und fühlen uns nach solchen Tagen ganz eng mit ihm verbunden. Wer Gott als Helfer erlebt hat, wird sich immer wieder daran erinnern. Weil wir Schlimmes erlebt haben, können wir das Schöne genießen und neuen Problemen mutig entgegentreten.

C.E.

Daniel Kallauch

Immer & überall. Volltreffer

14 beliebte und oft gewünschte Lieder von Daniel Kallauch, z.T. in neuen Aufnahmen. Mit Bonus-Beigabe: komplette Konzert-DVD „Schon gewonnen".

Nach mehr als 1500 Auftritten und 350 Liedern hat Daniel Kallauch seine ganz persönlichen Perlen zusammen gesammelt, mit denen er weiterhin Tausende Kinder und Familien zum Singen, Lachen und Glauben bringen möchte.

CD + DVD 52 05316
EAN 40 45027 05316 1

Daniel Kallauch

Die Schatzbibel

Je zwölf Geschichten aus dem Alten und dem Neuen Testament aus ungewöhnlichen Perspektiven humorvoll nacherzählt. Eine Bibel zum Vor- und Selberlesen für Kinder ab acht Jahren.

Buch 52 55362

Die Schatzbibel
Hörbücher

Die Schatzbibel, gelesen von Daniel Kallauch. Komplett und ungekürzt auf je drei CDs. Unterhaltsam, lehrreich, spannend, biblisch.

Altes Testament Mutlibox CD 52 00362

Neues Testament Multibox CD 52 00363

Die Schatzbibel
Liederheft

Alle 24 Lieder der zwei Schatzbibel-CDs (Altes und Neues Testament) mit Melodien, Texten und Gitarrenakkorden, z.T. in verschiedenen Tonarten.

Liederheft 52 55363

Die Schatzbibel
Lieder-CDs

Zu jeder Geschichte der Schatzbibel gibt es ein neues Lied von Daniel Kallauch.
Mit dabei: Willibald und die Aidlinger Studiokids!

Altes Testament CD 52 05362

Neues Testament CD 52 05363